转观念 抓作风 强落实

——国网衡阳供电公司主题学习活动思考与实践

国网湖南省电力有限公司衡阳供电分公司 组编

中国水利水电出版社
www.waterpub.com.cn
·北京·

图书在版编目（CIP）数据

转观念　抓作风　强落实：国网衡阳供电公司主题学习活动思考与实践 / 国网湖南省电力有限公司衡阳供电分公司组编. -- 北京：中国水利水电出版社，2021.5
ISBN 978-7-5170-9542-2

Ⅰ. ①转… Ⅱ. ①国… Ⅲ. ①电力工业－工业企业管理－研究－衡阳 Ⅳ. ①F426.61

中国版本图书馆CIP数据核字(2021)第072953号

书　　名	**转观念　抓作风　强落实** ——国网衡阳供电公司主题学习活动思考与实践 ZHUAN GUANNIAN　ZHUA ZUOFENG　QIANG LUOSHI ——GUOWANG HENGYANG GONGDIAN GONGSI ZHUTI XUEXI HUODONG SIKAO YU SHIJIAN
作　　者	国网湖南省电力有限公司衡阳供电分公司　组编
出版发行	中国水利水电出版社 （北京市海淀区玉渊潭南路1号D座　100038） 网址：www.waterpub.com.cn E-mail：sales@waterpub.com.cn 电话：(010) 68367658（营销中心）
经　　售	北京科水图书销售中心（零售） 电话：(010) 88383994、63202643、68545874 全国各地新华书店和相关出版物销售网点
排　　版	中国水利水电出版社微机排版中心
印　　刷	清淞永业（天津）印刷有限公司
规　　格	184mm×260mm　16开本　10.25印张　147千字
版　　次	2021年5月第1版　2021年5月第1次印刷
印　　数	0001—3500册
定　　价	**58.00**元

本书编委会

主　　编　肖德祥　禹　军

参编人员　肖德祥　禹　军　陈孜孜　刘光良　郭宜刚
肖志高　赵　力　陈庆祯　陈驾宇　周　波
甘昭荣　江贵根　曾向璟　刘孟妮　林月友
许　清　严勇华　梁海宾　李伟彬　何天彦
邱　亚　张灵国　周剑琛　肖岳忠　涂文伟
刘志辉　程　波　吴群飞　肖庚华　宋文翔
欧阳力　刘欣欣　廖兴华　周　敏　曹惜文
雷湘军　张清明　姜　进　陈恢军　易建刚
刘　拥　赵宗高　肖春茂　蒋卫文　贺清华
郑　万　刘君辉　刘　锋　刘任玉　蒋　伟
王　镯　陈驾宇　周　波　管小玲　刘忠玉
张　健　李国红　喻小龙　莫杰超　刘武斌
陈　疆　彭　坚　旷　铖　谷兵辉　江毅军
王柏云　黄志军　刘　勇　何晓明　刘思思
严泓舜　周　坤　夏德分

前言

从企业管理者的角度审视“管理”，能看到的其实是两种维度。

一种是运筹学意义上的管理。比如，一个足球队，足球教练不同的排兵布阵和战术运用，其战斗力和成绩可以有很大差别。其中，寻找最优的战术与阵型组合方式的努力，就属于这个层面。

另一种是人性学意义上的管理。有人的地方，就会有人和人之间的互动、人和工作之间的互动。而当这种互动形成时，就会出现“博弈”的过程。还是拿足球队来举例，一个优秀的足球教练，不仅要管好训练和比赛，还要能管好“更衣室”（球队内部合作）。球员间的实际团队合作表现就属于这个层面。

运筹学意义上的管理最优，往往并非现实性的管理最优。这就像理论上的“两点之间线段最短”，现实中常常会因为山丘、河流的存在，使得两点之间的最短途径并不是直线。事实上，在管理企业的过程中能够发现：因为人性因素导致的管理问题，远远多于因为运筹不当导致的管理问题。

2020年以来，国网湖南省电力有限公司将“转观念、抓作风、强落实”主题活动定为“不忘初心、牢记使命”

主题教育活动的延续，全省系统内多家地市单位纷纷纵深推进，以更新观念、更实作风、更强落实切实解决管理中存在的人性学问题。

本书精选了国网衡阳供电公司本部及所属基层单位在围绕“转观念、抓作风、强落实”主题活动开展各项经营工作时得出的经验和思考，从不同的专业和角度出发，为解决人性学意义上的管理问题提供了思路。

编者

2020年8月

目录

深入推进“转观念、抓作风、强落实”主题活动　提高规划设计质量

2020年年初，国网湖南省电力有限公司提出“向配网开战”；6月中旬，就配网工程设计质量提升工作又提出“向设计开战”；6月下旬，肖德祥总经理也要求“针对35千伏及以下电网，从规划、前期、设计、建设至运维等各个链条急需精准发力和继续努力”，电网规划与设计质量成了各级电网安全、稳定、可靠、经济运行的关键环节。本文围绕“强基础、优机制、抓重点、提质效”工作思路，立足“转观念、抓作风、强落实”主题活动、提质增效专项行动等重点工作要求，就如何提升电网规划、设计质量谈些个人感受、体会。

围绕“五项重点工作”，把国网衡阳供电公司“提质增效”的大目标分解到经研所、设计院，就是要做好“十四五”电网规划和每项电网工程的设计。电网规划要确保衡阳电网的发展建设适度超前衡阳市社会经济的发展，从大的层面来满足人民群众美好生活对电力的需求，也为国网衡阳供电公司安全生产、增供扩销奠定良好基础；工程设计要确保设计质量，实现立项意图，充分发挥每一个电网项目保供电、保电网、争市场、促销量的效能，既解决区域电网的存量问题，又超前储备供电能力，同步夯实国网衡阳供电公司安全之基。

要实现上述提升规划设计质量、确保电网安全的小目标，需要经济技术研究所、设计院全体干部员工认真贯彻落实“强基础、优机制、抓重点、提质效”工作思路，在日常工作中坚决做到“转观念、抓作风、

强落实”。

针对目前电网规划工作中存在的思路不清晰、未适度超前及设计质量等突出问题和薄弱环节，全体干部员工都要切实转变观念，要有“为民情怀”，譬如规划工作也要走村入户，深入现场调研供电情况、低电压情况、投诉情况，掌握电网现状，了解客户需求；在电网规划中超前谋划，提出切实可行的规划方案，将“人民电业为人民”的服务宗旨落到实处；“十四五”规划充分听取各县（区）公司、供电所意见，结合网格化规划、“一所一册”规划做优国网衡阳供电公司的整体电网发展规划，引领大建设、大营销、大运行等各项工作；设计人员在电网大发展、大建设的背景下，克服“只求完成、不求精品”的心态，沉下心来思考是否可以再设计几个比选方案，是否可以将设计方案做得更优、更合理、更经济。虽然可以套用典型设计，但仍强调创新求变，转变观念，“创造性地落实工作”。

针对员工工作质量不高、设计差错时有发生等问题，领导们意识到不仅要抓队伍建设，还要抓作风建设。现在的日常工作比较普遍的就是求快，作风浮躁，什么事都是先“交卷”再说，对出现的设计变更、质量问题，自己不主动去反思，领导也不督促分析、总结，带来的后果就是类似问题重复发生，电网安全得不到保障。2020 年 7 月初，我们制定了《提升设计质量的 16 条措施》，提出了 7 条组织措施和 9 条技术措施，完善内部管理制度，加强对关键人员管控力度，提高内部三级校审质量，常态开展班组“微培训”。2020 年“向配网开战”，虽增加了大量的项目，但也倒逼我们必须及时反思设计差错，必须狠抓作风建设，要树立设计精品意识，“七分准备、三分作业”，平时要多总结，现场勘察要按规定的清单收资到位，设计过程要严格执行规程规范，设计方案要考虑周全，至少提出 2～3 个进行比选，设计评审不能走过场、流于形式，每位评审专家要按专业要求、按规定的审查要点认真审核、提出意见。这些都要求每位参与者作风要实、协同到位、服务优质。

坚持创新引领
做好支撑服务

围绕“强基础、优机制、抓重点、提质效”的工作思路，立足“转观念、抓作风、强落实”主题活动，在落实提质增效专项行动、资金安全大检查、“反违章、控风险、守底线”主题安全活动等重点工作的过程中，本人感受良多，在总结成绩、信心不减的同时，更清醒地认识到自身存在的一些不足，将进一步坚定决心加以改进和提高。

一、加强理论学习，坚定理想信念

在工作中，要积极主动将理想信念融入到平凡的工作中。把加强理论武装作为重中之重，积极带头学理论，坚决反对学而不思、学用脱节等学习形式，做到认真而不是敷衍、深入而不是肤浅、真诚而不是虚假地抓好学习。利用集中学习和自学的方式，以彻底解决思想和工作中存在的实际问题为切入点，不断提高自己的政治敏锐性和政治鉴别力。系统地学习党中央、国网公司、省市公司党组的有关会议精神，不断用新知识、新文化武装自己的头脑，创新工作方式方法，开创性工作。坚持理论联系实际，从理论和实践的结合上做出正确的判断，坚定理想信念，使自己始终保持坚定的党性。坚守政治方向、政治立场、政治言论、政治行为，努力做到运用科学理论研究解决新形势下信通工作面临的新情况、新问题。

二、牢固宗旨意识，践行群众路线

要牢固树立全心全意为人民服务的宗旨意识，要不断坚持把强化群众观点、践行群众路线、增强宗旨意识作为立党为公、执政为民的总要求，落实到各项工作之中。一是班子成员要在感情上与职工和服务对象打成一片，探讨他们关心的话题、问题、难题，调查了解他们真正的所想、所盼、所望；二是在工作中要拿出固定的时间深入班组工作现场，认真听取职工心声、意见和建议，解决他们在工作中的困难问题；三是要树立“无论什么事情，只要是有利于广大职工和服务对象的，都要给予支持和关注”的思想，努力实现从被动服务向主动超前服务的转变，以崭新的思想、崭新的观念、崭新的精神面貌，为公司工作创出新的佳绩。

三、加强党性修养，提高服务水平

一要保持政治上的坚定性和纯洁性，树牢马克思主义的世界观，巩固全心全意为人民服务的人生价值观。二要加强党性修养的实践锻炼，不断学习党章，对照党章标准查问题、找差距，牢记党员身份，强化党员意识，切实履行好一名党员应履行的义务，切实发挥好一名党员干部的率先垂范作用。三要加强服务意识，改进服务方法，提高业务水平，自觉地把服务对象和职工群众的满意程度作为检验工作成效的最高标准。坚持从我做起，从此时此刻做起，不断总结和完善工作经验，不断提高工作成效，主动学习、主动积累、主动提升。针对急需解决的问题，积极带领班子成员研究解决，抓好工作落实，强化制度执行，把服务对象的需求体现在日常工作的一些细节上，踏到一项工作求完美、一项工作求进步的步调上来。

四、严守党的纪律，做到廉洁自律

在政治上时刻与党中央保持高度一致，坚决执行上级党组的决策部署。带头遵守八项规定、廉政准则以及党风廉政建设的各项规定，正确对待权力、金钱、名利，坚决制止贪图享乐和奢靡之风的现象。在工作上，带头严格执行出差、配车等公务消费标准，不摆阔气、不讲排场；带头做到“节约每一张纸、每一度电”。在生活上，牢固树立节约光荣、浪费可耻的思想观念，自觉抵制大手大脚、铺张浪费行为，真正做到艰苦朴素、精打细算、勤俭办一切事情。

五、抓好整改落实，推动工作创优

一是对于自己存在的突出问题，抓紧整改落实，明确时间、细化量化、全面整改，给全体干部职工带好头。二是对于领导班子存在的突出问题，自己带头负总责，班子成员明确分工、明确责任、明确任务、明确措施，并把整改情况公布于众，接受职工群众监督。三是围绕中心工作，主动作为，即主动在以后的工作上拓宽思路，充分发挥优势，搭建拓展平台，以创新信通工作为动力，开拓创新，积极进取，克服困难，纠正不足，不断开创信通工作新局面。

我坚信，在今后的工作中，无论情况多复杂、困难有多大，只要切实做到适时转变观念，保持好的工作作风，提升创新能力，不断强化落实，我们的工作终会有好的成效，也会获得进步的存在感、踏实工作的满足感。

紧扣安全主题
深入推进配网整治攻坚

开展“转观念、抓作风、强落实”主题活动，是对思想、作风、行为的一次深刻洗礼。作为物资战线的一员，我充分认识到开展“转观念、抓作风、强落实”主题活动的目的和意义，时刻牢固树立“兵马未动、粮草先行”的责任意识，将为民服务作为物资工作的出发点和落脚点，不折不扣地执行国网衡阳供电公司党委的决策部署。

“向配网开战”是国网衡阳供电公司积极践行以客户为中心的企业核心价值观的具体表现。我们要充分发挥物资支撑的重要作用，积极助力这场没有硝烟的战役。为此，我们召开动员会议，通过讨论，制定了支持清单：一是要持续提升采购质效，针对紧急项目的物资需求，采取“随到随匹配”方式，必要时开辟“绿色通道”，以缩短采购周期，提高采购效率。二是做好关键业务环节的协同联动，紧盯重点项目物资供应，严格管控配送过程，实时掌握工程进度、物资到货等情况，做到“开工有料”，全面保障物资供应。三是着重抓好物资质量监督管控，切实提升设备质量，针对25类配网物资制订有效的抽检工作方案，严格落实物资检测时效性要求，明确物资检测报告出具时限，避免缺陷物资“带病入网”，以“真抽实检”把好入网设备质量关口，降低重复停电风险。

“反违章、控风险、守底线”是一切工作的重中之重。作为一名党员，遵章守纪是我们的政治底线，我们要时刻谨记，牢牢守住安全这道防线；作为一名部门负责人，更是要以身作则，带头遵守纪律，才能带出一支好队伍，为企业的发展添砖加瓦。在工作中，我们要落实作业标准，抓好学习基础。只有通过严格的教育培训，使每位员工对从事工作的岗位标准了如指掌，才能做到在安全工作实践中熟练运用。我们还要加强基础建设。安全管理工作的最终落脚点是在基层，安全工作的目标任务需要所有人员的共同协作去完成。强化安全基础工作，必须以加强基层建设、提高基层人员的自控能力为重点。除了生产安全，我们还要抓好廉政安全，坚持不懈地强化队伍建设，在工作和生活中不断加强廉洁教育，廉洁从业、严于律己，永葆共产党员本色。结合物资配送、仓储管理、质量管控、废旧物资回收等工作的风险点，从制度执行入手，从点滴提醒开始，严格各项管理措施，杜绝和防范各类风险的出现，确保在管理范围内不发生廉政风险。

实现安全生产是企业永恒的主题。安全生产是企业稳定发展的关键所在，更是企业经济发展的基础。做好安全生产，要与遵章守纪紧密联系起来。我们要始终铭记安全责任，时刻紧绷安全弦，遵章守纪是严格约束自己，知责尽责，尽心尽职不懈怠。我们每个人都应以自己的实际行动，自觉遵守各项规章制度，为企业的健康稳定发展做出贡献。

用好每一分“向心力”
做好每一件“平凡事”

“干与改”的关键是要“心”有所向，自国网湖南省电力有限公司开展“转观念、抓作风、强落实”主题活动以来，我始终本着初心，在后勤战线做平凡小事。作为后勤干部，在学习领会“转观念、抓作风、强落实”的精神上，坚持发扬求真务实，真抓实干的工作作风，做到言必行、行必果、干必成。结合自身思想和实际工作，简单谈一下个人体会。

齐抓共管“转观念”。转变观念，是新时代的主题，也是我们成为更好的自己的前提。任何事情想发展好，在这之前需要转变观念，工作才会朝着更好的方向发展。如何才能更好地转变观念呢？首先，应勤思勉学，践行“转观念、抓作风、强落实”主题活动的主旨来转变观念。学习是实践的引领者，思考是转变观念的督促者。学习不能流于形式化，应循序渐进，真正深入学习领会精神、政策和业务知识，而后不断提高政策理论水平和实际工作能力。学而思、思知学，而后才能真正解放思想。其次，想要更好地转变观念，还应开阔眼界，身体力行谋发展，闭门造车必然造不出好车，因循守旧的思想必然带动不了公司后勤工作的发展。开阔眼界不是拿几本书看看，找几个人问问，而是走出去，去学习，去研究，不做井底之蛙。但是也不能依葫芦画瓢、照搬，而应结合自身的实际和特点，去消化、吸收、思考，最后形成自己的观念，才能为工作上的发展提供更高质量的建议，那才是真正的转变了观念。转观念应是一种共识，以上带下，以强带弱，不抛弃、不放弃，让所有人转变观念，才是真正意义上的转观念。

严字当头“抓作风”。没有规矩不成方圆，纪律和规矩是在长期的工作和实践中形成的基本行为规范。唯物辩证法告诉我们，事物的变化都是从小到大、由少到多、由量变到质变、日积月累逐渐形成的。作风建设永远在路上，“己不正，焉能正人”，抓作风促工作，抓工作强作风，抓作风建设最重要的是讲认真，在坚持抓严、认真抓细、切实抓常上下工夫，真正做到让党员干部思想上受教育，作风上有转变。抓作风应有踏石留印、抓铁有痕的劲头，应融入日常工作中，做到管事就要管人，管人就要管思想、管作风，形成抓作风促工作、抓工作强作风的良性循环风气。

勇于担当“强落实”。要想强落实先得重实干，重实干是一种政治担当，是党员干部的基本准则。无论在思想上还是具体工作中都要认真按照上级决策部署，认真切实履行到位。实干就是把每项工作落实到行动上，而不是想想说说而已，行动中势必会遇到困难阻力，不要遇到困难就逃避，遇到阻力就停滞不前，要想办法克服困难，解决问题，勤沟通、多联系，而不是避重就轻、推卸责任。实干就是严格贯彻落实上级交办的工作任务，不挑挑拣拣，只选择简单易完成的、风险系数低的、对自己政绩有益处的，而是要全面分析问题形势所在，以广大员工利益为根本，高效完成工作任务，把做事的落脚点放到办实事、求实效上。抓落实是每位党员干部的职责所在。每位党员都要做到“在其位，谋其政”尽心尽力尽责干好本职工作，做到只要做了就做好，不要形式主义、敷衍了事。抓落实不仅在落实，更要把系统的工作看成一个整体，要保障后续工作的持续进展，不能只片面地落实某项工作而耽误影响其他工作的进行，要全面沟通协调，合理分工。抓落实要立足岗位，提高站位，胸怀大局，找准位置，在抓落实中强化责任，开动脑筋想问题，以抓落实的成效检验我们的能力和水平。

疫情当前，逆向而行，勇于担当，树后勤形象。自新型冠状病毒肺炎疫情防控工作开展以来，国网衡阳供电公司坚决落实国网湖南省电力有限公司和衡阳市委市政府疫情防控有关要求，全面排查、强化管控，确保疫情防控工作全面落实，疫情防控实现“双零目标”。为有效控制和防止疫情传播，公司领导班子成员及疫情防控工作人员在法定节日及周休期间坚守岗位，启动应急应对机制、高效筹集防护物资、开展疫情传播排查、严格落实防控措施。为有效控制和防止疫情传播，建立了疫情监测报告机制，认真落实疫情“零报告”工作，实现了公司系统新型冠状病毒肺炎确诊病例和疑似病例均为零。公司牢固树立防疫“一盘棋”思想，义不容辞承担并圆满完成国网湖南省电力有限公司下达的关于紧急筹集乙醇消毒液支援湖北抗疫工作的任务，第一时间与本地生产企业联系，购得医用酒精 500 件（6250 升）。在确保国网衡阳供电公司防疫消杀药品供应的同时还帮助国网湖南省电力有限公司以及国网湘西供电公司、国网益阳供电公司、湖南省送变电工程有限公司等 3 家兄弟单位筹措乙醇消毒液和 84 消毒液共 28632 升，得到国网湖南省电力有限公司的高度肯定和兄弟单位的赞誉，国网湖南省电力有限公司于 2 月 13 日给公司特发表扬信。

常态化疫情防控不松懈。认真落实衡阳市公职人员“五一”期间疫情防控和外出管理、疫情期间公职人员外出离湘管理，强化国内疫情中高风险地区来衡返衡人员管理，严格管控外出人员，严格开展隔离观察和核酸检测，及时组建电网复工复产医疗站，审核复工复产项目疫情防控方案，开展复工复产参建人员核酸检测，督查疫情防控措施落实情况。

严抓严查，加强管理促规范，资金安全有保障。根据 2020 年资金使用情况检查指导手册要求，国网衡阳供电公司积极开展后勤保障专业资金使用情况检查，通过 ERP 系统查询项目资金流向、查看财务凭证判断开支是否合规、核查项目现场确定有无虚列项目或工程量情况的方式对小型基建、生产辅助技改、生产辅助大修和房屋日常维修、车辆管理、物业管理五个专业进行专项检查。3—5 月共自查问题 113 项，6 月交叉检查共查出问题 15 项，现已全面进入整改销号阶段。

勤俭节约，改必改好，清点盘活房产，提质增效。2020 年上半年重点清理闲置土地资产 6 宗、房产 33 宗、供电所房地资源 46 宗，根据公司提质增效工作要求对其中 16 宗房地资产拟定盘活计划，目前已有 2 宗房产通过出租盘活。

办好事、办实事，提高职工幸福指数，增强归属感。2020 年上半年，国网衡阳供电公司完成本部职工食堂维修改造，珠晖、华新、南片区实训基地等新成立机构食堂也分别完成投运，全面解决了员工就餐问题，提高了餐饮质量；住房方面继续推进供电所“五小”建设，重点改造祁东、衡东县公司两栋老办公楼，解决县公司周转住房及员工宿舍问题。

支撑改革发展，加快建设脚步，推进项目实施。目前国网衡阳供电公司小型基建在建项目 14 个，建成未结项目 3 个，上半年全面推进 11 个乡镇供电所站房建设项目土地及前期手续办理工作，加快运维检修及检修试验用房 2 个项目的施工，即将建成投运。生产辅助技改大修项目有序推进，房屋维修类项目均已进入实施阶段，技改项目（4 个电梯改造项目）按照国网湖南省电力有限公司统一安排已于 2020 年 6 月取得中标结果，正在进行设备生产。

在“转观念、抓作风、强落实”中思考队伍建设和管理提升

2020年以来，国网衡阳变电检修公司在疫情防控停工一个半月、十余名生产骨干集中输出、工作量成倍陡增等多重压力下，齐心协力，迎难而上，坚决落实国网衡阳供电公司各项工作部署，扎实开展“转观念、抓作风、强落实”主题活动、资金使用情况专项检查、“反违章、控风险、守底线”主题活动等重点工作，直面问题、刀刃向内，动真格、出实招。如何带好队伍是我平时思考最多的事情，在“转观念、抓作风、强落实”主题活动推进过程中，我对队伍建设的重要性有了更深刻的认识，对管理提升的思路和方法也有了更多的理解和思考。现将有关体会、思考及收获汇报如下。

一、转观念，让“管理者”转变为“服务生”

长期以来，公司部分专责将自己定位为指挥官或者法官的角色，掌握着大量审批权、考核权，“令箭在手”，高高在上，甚至部分专责从班组提拔到专责岗位后，认为岗位“提”了、地位“高”了，很少“下”班组、“下”现场。日常工作“发号施令”多，实际指导少，认为班组就是执行者，就应该听自己“管”，甚至以考核“大棒”威胁，在考核中树立威信。这些现象从根本上而言都是思想观念问题，只把自己当“管理者”，没有当“服务生”的意识。

为了让专责们实现这种转变，公司经研究决定将6名生产专责“下

沉”到对应的生产班组，让专责与班组人员在一同工作。让专责从“高高在上”到与班组“朝夕相处”，促使其从“管理者”到“服务生”的观念转变。让专责的权威不是在考核处罚中树立，而是在服务指导基层班组中树立。“下沉”班组后，专责们观念逐步转变，安排工作时充分考虑班组的困难和承载力，对于班组提出的诉求及时响应，向班组安排工作时，指导更多了，与此同时，班组对专责的支撑也更强了，相互间的隔阂少了，相互间沟通协调也更顺畅了，班组对一些工作要求更加理解了，执行也更到位了。

观念一转变，也就能够带动工作思路、工作作风、工作方式的一系列转变，很多问题就迎刃而解。比如：检修班组人员一度对高处作业使用安全绳的规定反感，很多老师傅认为，多少年来在隔离开关等变电设备上工作时只是打安全带，没有必要打安全绳，而且造成行动不便。安监专责在查处此类违章后，进行了严厉的违章处罚，但是班组强烈抵触，甚至造成了言语冲突。对此，公司领导提醒专责，不能只当管理者、监督者，也要当好服务生、培训员，组织专责到班组与师傅们广泛讨论，耐心地解释，说清楚规定的出处由来，结合大量的事例说明其必要性，一番培训交流后，班组的师傅们心服口服，都自觉地使用安全绳，消除了这一规定执行的障碍。

二、抓作风，清除“责任病毒”“专业壁垒”

公司成立前，变电检修、变电运维专业长期归属于两个基层单位，变电检修大专业内部又分了一次、二次、高试等专业，专业壁垒思维根深蒂固。新公司成立后，人员组织机构进行了整合，专业融合也作了一些改革，但是专业壁垒仍未消除，甚至在管理层“责任病毒”流行。一遇到事情，就说职责不明确，要求先把职责界限划清楚，“不然出了问题算谁的?”职责一旦划清楚，就变成要么“这不是我的职责”，事不关己；要么“这事归我管，你别指手画脚，其他人都别插手”……逐渐形成了诸多不良工作作风，分配任务时，没人愿意牵头负责，遇到难题，没人敢拍板，甚至不敢提决策建议，怕担责任。工作执行过程中，要么以职责不清为由推诿扯皮，不担当；要么以职责划界各自为政，不协同；要么以要请示领导决定作推脱，不作为。上下协同不力、横向联动不畅。专业之间壁垒高筑，合作意识不强，使简单事情复杂化，办事效率低下。有的工作多头指挥，让员工无所适从；有的工作互相推诿、敷衍塞责，让一些问题反映无门，落实无解。工作推不动，分析起来似乎各方都没错，冠冕堂皇的理由一大堆。

“责任病毒”和“专业壁垒”让工作推动举步维艰，在深入思考后，我们提出了一系列举措。一是明确岗位责任清单，照单履职免责。“清单化”明确各岗位职责，对于确实存在较大争议的职责划分，充分讨论后明晰。二是以连带责任促共同担责。在管理层和执行层之间、专业与专业之间明确连带责任，以“利益捆绑”倒逼相互监督、相互协作、相互提醒，避免相互对立或只考虑本专业、本岗位利益而各自为政。三是建立集体决策会商机制并形成结构化决策流程。在决策环节加强统筹协同，鼓励大家共同参与，献计献策。打消部分人的顾虑，不让其因为害怕作出错误的决策担责而畏首畏尾、袖手旁观。四是设立岗位 AB 角。鼓励各专业专责间互为主备岗，或明确班组人员作为专责备岗，加强日常沟通，也促使换位思考。五是减少领导对专责决策的过度干预、专责对班组的过度服务或“英雄式”带头人。避免过度干预使专责失去思考力和决策力，避免过度服务让班组产生惰性，避免过多“英雄式”人物让团队的其他人消极被动、疏远、退缩、袖手旁观、隔岸观火甚至冷嘲热讽。

三、强落实，打击“办公室文化”

公司管理岗位人数较多，领导、技术计划室专责、综合室专责配置率较高，看似管理体系完备、管理规范，但实际上“办公室文化”盛行，管理质效亟待提升。有的专责习惯当“甩手掌柜”，没有把上级标准要求摸透就直接转发到班组，缺乏对班组工作的具体指导和跟踪督查，认为开了会、布置了、通知了就没事了。专责只顾安排工作，不考虑班组会不会做，做不做得完，甚至上午发邮件，下午要反馈，动不动就通报、考核、处罚。部分管理人员“下”班组、“下”现场的次数极少，对班组的疑问、员工的诉求经常采取“没办法”“上面要求的”“按规定办”此类答复，往往招致班组抵触和反感。部分专责缺乏管理经验，也缺乏系统的管理类培训，碰到复杂问题时统筹全局能力不足，对基层的理解支持也不够。部分方案编写不结合现场实际，坐在办公室复制粘贴做方案，最终方案与现场实施“两张皮”。部分管资金项目计划的专责不了解实际需求，有需求的专业专责不了解如何申报及规范实施项目，管资金计划及项目的人与管专业的人严重脱节，完全坐在办公室报计划、编项目、办结算，造成立项粗放，实际需求、项目内容、现场实施之间不一致，导致项目内容调整或延期实施、电商采购置换等问题。很多人花大量的精力在填报表、写材料、想亮点上，不愿意做“打基础、利长远”的事。

为了强化落实，我们主要以“七分准备、三分作业”“不欠账、不作假”“创造性落实工作”“工作要高效闭环”四种工作习惯以及“制度流程、宣贯培训、检查督导、考核问责”的管理四部曲为“法宝”，打击“办公室文化”。比如：每周的周例会上对管理工作完成进度进行通报，将闭环情况纳入对专责及班组的绩效评价；要求公司内部制订的制度流程必须经过讨论会商决定，经过宣贯培训后再执行；要求专责布置工作后要持续跟踪、检查督导，谁安排谁负责督促闭环；针对资金使用情况专项检查暴露的问题，执行项目经理制，由项目经理从需求收集、项目提报到项目实施、项目后评价等全过程管理，开展相应培训，配套相应的奖惩，坚决做到“不欠账、不作假”。

树牢四种意识
勇于担当作为

作为国网衡阳变电检修公司党总支书记，我认真学习领会了国网湖南省电力有限公司“转观念、抓作风、强落实”主题活动内容、配网“两降一控”、提质增效专项行动、资金安全大检查、扶贫攻坚、“反违章、控风险、守底线”主题活动工作要求，紧紧围绕“强基础、优机制、抓重点、提质效”的工作思路，牢牢树立担当意识、责任意识、实干意识、执行意识，主动作为。下面我就结合自身思想和工作实际，谈谈个人思考和体会。

首先，要有敢于担当的思想。人的思想决定一切，我们要牢牢树立起敢于担当的思想意识。敢于担当是我们共产党人的优秀品质，我们党的宗旨就是“全心全意为人民服务”。抓好安全生产，抓好优质服务就是为人民服务。我们要有敢于担当的勇气，要有“明知山有虎，偏向虎山行”的勇气，尤其在当前配网降跳闸上、抓安全生产上要挺身而出，主动担当，千方百计抓落实。我们还要有敢于担当的能力，要培育自己驾驭全局的能力，认真体会上级工作思路及要求，突出全局一盘棋，加强各专业协调配合，处理好每一个细节，确保结局完美。

其次，要重实干。实干是我们每一位职工的基本职责，尤其在提质增效方面，对我们提出更高要求、更高标准。我们在工作中要严格按照上级决策部署，认真履行到位。在工作中我们固然会遇到这样或那样的困难，这需要我们想办法克服，而不是将困难上交，要相信“办法总比困难多”。实干是要坚定不移地落实上级安排，不是挑三拣四，挑容易的执行，困难的就选择性执行，而是要全面领会上级工作要求，高效完成工作任务。

再次，要强化执行，任何一项工作要想做好，执行力是关键。我们要提高个人的执行力，转变个人工作作风，不要做思想上的巨人、行动上的矮子，凡事都要及时果断地落到实处。对于上级安排的工作，不能推三阻四，要牢牢抓住省、市公司定的目标及工作重点，自己制订好落实的具体措施，要细化到月、周、日，摒弃那种拖拖拉拉的工作作风。

最后，抓落实，要把所有的工作落实到求实效上来。抓落实是我们每一位职工的职责所在。“咬定青山不放松”，实践告诉我们，要实现工作目标没有捷径可走，只有紧盯目标，扑下身子，一步一个脚印地干才能取得成绩。我们每一位职工都要做到“在其位，谋其政”，尽心尽力干好自己本职工作，要做到做就要做到最好。抓落实还要注意不是片面的抓某一项工作落实，更要把整个工作看成一个整体，要保证所有工作持续跟进，要充分沟通协调，确保每一项工作落地有声。作为领导干部还需要提高站位，胸怀大局，要创新地抓好落实，要以落实的成效检验自己的能力和水平。

强基础 优机制 锚定目标 构筑“大安全”防线

“转观念、抓作风、强落实”主题活动是一场触及灵魂的思想洗礼，是一次由内及外的思想剖析。公司“强基础、优机制、抓重点、提质效”的工作思路需要通过转思想观念、抓作风建设、强工作落实，达成基础增强、机制优化、重点突出、质效提高的总要求。

各项工作开展最基本的是先要确保安全，在此基础上再谋求发展。这个“安全”，包括生产安全（人身、设备）和资金安全，两个安全哪一方面都不能出问题，这也是上级开展“反违章、控风险、守底线”活动的要求。要确保人身安全，就要在生产现场杜绝违章行为的发生，对违章行为坚决制止，严厉打击，要求立即整改。对生产现场、运行维护的输电设备、资金使用等各种风险我们要全面辨识到位、加以控制，降低输电线路跳闸率，杜绝青赔支付安全风险。守底线，就是不能发生人身事件，设备的运维不能发生责任性障碍，在资金使用方面不能出现套取资金现象。

“强基础、优机制、抓重点、提质效”，我们一直按照这个思路在进行奋斗。输电专业基础一直很薄弱，主要体现在运行维护基础差，设备缺陷、隐患多，老旧设备多，班组建设、设备设施等比较落后，通过整体谋划、年度提升，要求完善树竹点、鱼塘点、近地点等台账，对树竹隐患全面清查，外力点“一库八措施”逐步完善及政企联动增强，防雷改造逐步加强，无人机巡检缺陷排查，这些重点工作推进逐步夯实输电线路设备基础。结构性缺员制约线路运维工作开展，通过对人员结构、公司机构、运维模式、设备主人及专责区的调整，一直在不断地探索实施，尽量使之达到一个最优配置的水平。公司的工作重点是全年安全目标的全面实现，坚决杜绝三大责任性障碍的发生，同时确保项目资金安全，对于日常工作也是围绕重点工作有序开展。在提质效方面，尽量做到节约，把好钢用在刀刃上，避免资金浪费，每个项目根据实际工程量严格按实结算，对于因方案变更等导致资金剩余的情况坚决杜绝虚假出账；对于计划工作强调安排的合理性、经济型，尽量节约人员，节约车辆台班，通过绩效考核手段，充分发挥每个员工的工作积极性、责任心和主观能动性，充分安排利用好出勤人员及车辆。

“转观念、抓作风、强落实”主题活动在浩浩荡荡地开展，并持之以恒地贯穿于各项工作中，然而在实际工作中仍不时地出现这样或那样的问题，关键在于活动未引起广泛一线人员的同频共振。单位要改革发展，首先必须转变员工的思想观念，让员工的思想观念与时代同步，与上级要求同频共振，否则，员工不能心甘情愿地主动作为，各项工作很难推动；在当前大变革、体制大变化的背景下，国家电网有限公司的发展思路和奋斗目标有大的调整，但是一些同志一直停留在以前的思想观念中，不紧跟时代节奏，没有紧迫感和危机意识，导致在新要求下工作开展打折扣，留下盲点与隐患。抓作风，有些员工习惯以前那种舒适工作环境、按部就班的工作节奏，未理会上级抓作风管理的迫切性。当前工作及安全形势亟须我们有壮士断腕、刀刃向内的决心与魄力，要将“临阵磨枪”的工作习惯转变成“七分准备，三分作业”的工作作风，积极主动作为，敢于担当，敢于负责，主动服务。强落实，就是要使员工严格按照规章制度办事，不图省事，不搞变通，认真对待每一项工作任务，尽职尽责、不折不扣地去做实，确保每项工作质量达到最优的质量、最佳的效果。

转观念是关键、是根源，作风的提高和落实首先要有思想观念提高，领导干部和管理人员首先要从自身做起，不是思想观念略有提高，而是要有彻底跟旧思想决裂的勇气，敢于同一些思想懒散、尸位素餐、出工不出力、事不关己高高挂起的不良风气进行坚决斗争，领导干部和管理人员真正从心底里转变了观念，才能更加有力地去号召、去说服一线人员转变观念，让他们逐步认同、与上级保持同频。观念的转变，作风就要跟进，党员同志是班组和部室的主要骨干和中坚力量，是先进分子，是优秀力量，要依靠他们带头开展作风建设，在全体党员同志中提倡一种立即执行的作风，不观望、不彷徨、不等待，充分发挥自己的主观能动性，主动作为、勇于担当，做事要有精益求精的作风，强化党员队伍作风建设，充分带动全体一线人员开展作风整顿，培育宁为玉碎、不为瓦全的决心，要么不做，要做就做到最好，有种永不服输的气质，实现单位作风建设质的飞跃。思想观念提高，作风有所转变，归根结底看全体员工的落实；不积跬步无以至千里，做好落实就是要静得下心来，要耐得住寂寞，经得起考验，平凡中孕育着伟大，事情都是一点一滴积累起来的，做好每一项具体的工作，每一次的线路巡视都自己检查到位，每一次检修每个螺栓都紧固到位，充分利用每一次保电、防外力蹲守，巡视线路附近的隐患、缺陷，树竹通道的砍伐到位，每一个具体的工作落实起来可能都显得很枯燥，甚至很无味，但能将简单平凡的事情坚持不懈地认真做下去，就是伟大。

只有真正将“转观念、抓作风、强落实”主题活动全员开展到位，我们就能增强专业基础、优化组织机制、突出重点工作、提高质量效益，为公司达成更好的业绩添砖加瓦。

抓好基层党组织建设
筑牢安全生产防线

通过“转观念、抓作风、强落实”主题活动的开展，员工思想观念得到转变，员工执行力和责任心得到加强，在精益运维能力方面提质增效，为落实主业主责起到积极作用。

落实党员大会党员教育，确保会议质量。和以往党员大会组织方式不同，在“转观念、抓作风、强落实”主题活动中，支部要求全体党员深刻检视自身，要求各班组、各管理人员深入自我分析，在党员大会上开展大讨论，查找工作中的弊端陋习，形成问题清单。支部层面开展问题跟踪，在“转观念、抓作风、强落实”主题活动中督促、提醒相关责任人员做实、做细，提质增效闭环整改到位。以点带面辐射周围群众同事，在国网衡阳输电检修公司内部形成向上争先的氛围。

党员率先垂范，转变员工工作作风。狠抓全体职工特别是党员同志带头改善作风问题，紧盯工作薄弱环节，严格落实管理人员下现场跟班巡视发现问题制度、工作闭环制度、考核制度，把责任扛在肩上、落实在行动上。精简管理机构人员数量，优化巡线模式，盘活人力资源。党员带头，班组长身先士卒、冲锋在前，最难开展的工作面由班长先上，班组老党员带队完成并传授相关经验，党员重点开展难度较高工作，传帮带的氛围逐步形成。在某水淹拉棒现场，输电运检一班班长亲自下水检查测量拉棒锈蚀情况，激发起其他员工扎实工作、创新工作、努力工作的热情。通过跟班巡视，管理人员下现场带头消缺，运维人员积极性得到调动，设备本体各类隐患的发现和消除得到有效提升。

落实主业主责，发挥党员责任区成效。在“转观念、抓作风、强落实”主题活动氛围下，扎实开展了防山火、防外破、特殊时期和电网特殊方式运行情况下的大量卓有成效的特巡保电工作，克服了时间紧、雨水多、任务重的困难，完成检修31条线路。2020年220千伏线路雷击跳闸3次，未发生故障及非计划停运，与2019年同比持平；110千伏线路故障跳闸11次，比2019年增加5次，但是树竹障碍得到杜绝，110千伏线路故障停运1次，同比2019年减少2次。35千伏线路电缆故障1次。鼎力相助县公司配电线路安全运行，以“党员责任区”为契机，联合常宁洋泉供电所使用无人机开展为期2天的10千伏洋塔线集中巡视，共计查找827基杆塔，共排查各类缺陷38项，为其检修提供前期技术支撑。

防范三大责任事故，确保安全生产。通过“转观念、抓作风、强落实”主题活动的开展，全员责任意识得到加强，落实上级要求的执行力得到提升，为输电专业完成全年目标起到积极推动作用。防树竹方面：圆满完成防竹笋工作，对线路974处竹子点完成8轮特巡和清理工作，砍伐竹笋17.73万株；通道治理有序推进，共计完成通道砍伐298档，砍伐树木5.96万棵；坚持“杜绝增量，减少存量”理念，通过协调劝阻线路通道内种植树木移栽1203棵，通过公安执法强行砍伐新种植树木156棵。防外力方面：严格落实“一库八措施”要求，有效管控严重外破隐患点，重点管控268个线路外破隐患点，组织施工单位安全培训15次，对作业机械车辆粘贴警示标志116张，累计安排蹲守人员2515人次，下达安全告知书31份，成功制止违章建房21处，道路改道8处，道路加装保护措施28处，房屋拆除2处，成功追责3个因外破造成线路故障并索赔10.9万元；发现异物并及时处理19处，对182处鱼塘增立警示牌230块，向鱼塘户主下达安全告知书20份。防山火方面：圆满完成清明防山火工作，发放宣传单600余份，树立大型宣传牌45块，在路口拉设横幅180条，清理隔离带35档共20万平方米，共发现山火险情17次，均及时报告和处置。

努力践行“转观念、抓作风、强落实”持续推进五项重点工作

党的十九大报告强调坚持以人民为中心的发展思想，在决胜全面小康的关键之年，国网湖南省电力有限公司要求围绕人民电业为人民的企业宗旨，牢固树立群众观念，厚植为民情怀，把供好电、服好务作为主业、主责，把优质服务视作公司的生命线。新形势下，国网湖南省电力有限公司陆续推出“转观念、抓作风、强落实”主题活动、脱贫攻坚、提质增效专项行动、配网“两降一控”、资金安全大检查五项重点工作，为推进公司可持续发展，建设国内一流能源互联网企业打下坚实的基础。在持续推进五项工作的过程中，我感受颇多，既认识到差距，也明确了方向，坚定了信心。

一、转观念，突出中心，强化主线

我是2020年年初调入国网衡阳配电检修公司工作的，面对的专业是此前从未涉及的，也是第一次全面主持基层单位工作，而且马上面临春节保电任务，深感责任重大。上任之初，城区配网线路连续跳闸停电，让我忧心忡忡，但更让我忧心的是同事们对待跳闸事件的态度。元旦，新年第一天就发生了一起外破跳闸事件，同事们都在强调外破因素，强调没有人为责任，却无视现场市政施工已持续月余，我们的线路巡视周期内却没有发现外破隐患，没有告知施工单位外破风险的事实。之后的几次跳闸事件，在分析跳闸原因时，也多强调客观因素，包括设备质量

问题、设备老化等，却无视线路巡视带电检测未及时发现设备隐患的事实。在跟班巡视线路时，我又发现了一个奇特的现象：部分线路在变电站出口终端杆上安装了断路器，经询问是为了在线路故障时隔离故障点，确保变电站开关柜断路器不动作，在旧指标体系上规避主线跳闸次数。此时我才意识到，我们的思想观念出了问题，我们的工作方向出现了偏差。对跳闸事件麻木不仁、对事故分析不深刻、弄虚作假唯指标论等，都反映了配电检修公司上下以客户为中心的理念完全缺失，没有把提高供电可靠性作为我们的工作主线，重抢修、轻运维观念十分突出。对此，我在春节保电誓师会上重点传达了关于“精益运维”“七分准备，三分作业”“视设备为孩子”等理念，做出了春节前最后两周全面开展线路特巡的部署，要求领导班子成员带队，全员出动，对全年跳闸三次及以上的线路再巡视、再排查、再消缺。这两周身体虽然很疲劳，但特巡取得了明显成效，发现并消除了20余处重大缺陷和隐患，为春节保电实现“双零”目标奠定了坚实的基础。春节保电成功也让同志们意识到运维工作的极端重要性，思想观念也在悄然改变，“设备主人”对跳闸事件开始变得敏感，对如何提高运维质量开始思考，对线路集中停电治理的需求开始变得迫切，专责和管理层对待指标的态度开始客观理性。春节刚过，春检工作就如火如荼地开展起来，同志们对运维工作的积极性明显提高。随着“两降一控”工作的开展，同志们更意识到持续可靠供电的重要性，在降低故障跳闸率的同时，更要坚持“能带不停”“先算后停”“一停多用”“主配协同”的检修策略，以前的“以我为主，各自作战”观念逐步摒弃，开始精打细算年度、月度、周停电检修计划。事实证明，只有观念转变了，工作态度才会端正，工作作风才会务实，工作质效才有保障。

二、抓作风，强化履责担当，提升管理合力

配网“两降一控”、提质增效专项行动、资金安全大检查、脱贫攻坚工作是一场全体战、攻坚战、持久战，任务异常艰巨。打赢这场战役，必须要打赢工作作风战。个人对标“担当精神不足、政绩观偏差问题”

“上下协同、横向联动不到位”“官僚主义、形式主义禁而未绝”“个人能力素质应对新任务新要求还有差距”四大问题，都不同程度存在，例如：在资金安全自查之初，就有过对前任任期内的问题我不想负责，不愿深查整改的想法；抓提质增效工作时好特色亮点，不重视基础管理；在“向配网开战”工作中与城区设备运维单位高低压协同不到位；对一些重点工作部署不跟踪、不闭环，缺乏“盯关跟”精神；面对新岗位、新专业调研了解情况不迅速，业务知识学习不积极等。这些作风问题直接影响了各项重点工作的成效，出现了一些不必要的失误，需要深刻反思并加以整改。作为基层单位负责人，应强化履职尽责，凝集合力。把“以我为主，勇于负责；以我为辅，积极配合”“功成不必在我，建功必定有我”作为工作的基本遵循，确保五项重点工作全面推进，取得实效。

三、强落实，紧抓快办，切实提升工作质效

作为基层单位，五项重点工作全面推进刻不容缓。我们必须坚决落实“效率优先”的工作原则，突出“马上就办”，提倡雷厉风行，反对拖延推诿，切实增强工作时效性。资金安全检查方面，交叉检查工作虽已结束，但问题整改销号仍未全部完成，我们必须克服一切困难，彻底解决遗留问题，为下阶段迎接国网湖南省电力有限公司巡察做好充分准备，也为规范公司今后依法依规经营打好基础。提质增效工作方面，我们将深入推进自动化和调试专业融合，提高员工工作效率，缓解人力资源配置不足问题；调整生产成本计划，将有限的资金投入到切实需要的专业，提升资金的使用效率、效果；做大做强带电作业专业，助力公司“两降一控”指标提升。

五项重点工作仍在持续推进中，我作为基层单位的管理者，将坚决执行公司党委的决策部署，身先士卒，履职担当，直面问题，以“转观念、抓作风、强落实”主题活动为抓手，全力实现五项重点工作各阶段战役目标。

利用配电党建特色
助力“五项”重点工作

国网衡阳配电检修公司党支部自2019年7月成立以来，在国网衡阳供电公司党委的坚强领导下，突出党建引领作用，明确方向目标，找准定位，始终将党建与中心业务工作融为一体，充分发挥党员先锋模范作用、敢于吃苦的精神，积极工作，紧扣公司“转观念、抓作风、强落实”主题活动、扶贫攻坚、配网“两降一控”、提质增效专项行动、资金安全大检查、“反违章、控风险、守底线”等重点工作，较好地完成了国网衡阳供电公司部署的各项任务。

一、配电检修公司支部工作开展情况

一是支部成员严格将政治建设摆在首位，坚决“两个维护”，筑牢“四个意识”，坚定“四个自信”，严守政治纪律和政治规矩，自始至终紧跟国网衡阳供电公司党委的步伐，扎实有效地发扬“转观念、抓作风、强落实”主题活动的精神，不断提高党员队伍整体素质。第一，我们将各项主题活动和教育作为长效机制来抓。通过开展重温入党誓词，激发爱国主义热情，增强责任感和使命感。第二，为守住底线，我们改进工作作风、贴近一线、靠前指挥。支部成员深入基层班组和现场，与班组一道摸清“家底”和问题，认真履行岗位职责，率先垂范。特别在公司“两降一控”的战役中，班子成员会首先认领和挂点线路陈旧、隐患较多、管辖难度较大的线路，积极与班组一起严格按照巡视要求下现场巡视线路，编制辖区内“一线一整治方案”并落实整改。第三，通过党建＋活动有机结合中心业务工作。针对安全生产、安全保电、应急抢险等工作中的急、难、险、重任务充分发挥党员先锋队的作用，并及时树先进党员典型。

二是注重队伍建设的重点，造就业务精良的战斗集体。国网衡阳配电检修公司是一支能打硬仗，并且能打胜仗的队伍。近年来我们的带电作业一直是省内的排头兵，但是电缆测试和自动化等专业的发展还有很大的空间，日常运维还有待加强。配网“两降一控”、提质增效专项行动、资金安全大检查扶贫攻坚、“反违章、控风险、守底线”是一个全方位的战役，需要所有专业协同配合。在支部工作中，第一，把加强队伍的整体建设作为首要工作，建立健全了公司各项激励惩戒制度、绩效考核制度，分解工作要点和目标任务，并利用领导挂点捆绑考核支部委员，利用群众看党员、党员看干部的惯性思维，领导率先垂范，大家才能凝心聚力。第二，抓创新、促典型，不断提高年轻人的创新、创造能力，提升了整体的业务素质。我们坚持利用每周一上午，由公司年轻业务骨干给大家上业务课，不断提高全员业务能力；另外我们创建“劳模工作室”“QC 攻关小组”等进行技术创新，提高工作效率。利用 10 千伏降损比武、10 千伏降跳竞赛等活动检验各班组“战斗水平”。第三，狠抓执行力，把党建工作与业务同部署、同考核，只有全体党员能主动担责，敢于在困难面前亮身份、敢于在工作中挑重担，才能使各项工作齐头并进。

二、工作中存在的问题及改进措施

公司配网“两降一控”、提质增效专项行动的战役号角已经吹响，国网衡阳配电检修公司支部应该带领广大党员冲锋在最前面，在向国网衡阳供电公司党委递交“决战书”的同时，我们对现有工作进行了认真梳理和反思。

一是党员干部思想认识不到位，工作观念落后。对所辖设备隐患和运维环境存在的问题长期麻木不仁，“重抢修轻运维”的思想还普遍存在，许多隐患还寄希望于通过改造给予解决，没有做到“七分运维，三分改造”。设备故障分析走过场，停留于故障现象描述，未深层次分析故障原因，更未从事故中汲取教训，制订针对性措施。“一停多用”停留于口号，本位主义思想浓厚。计划检修工作仍以局部为主，没有结合主网检修、低压检修、业扩接入等工作同步进行，线路停运次数和台区停运时长没有得到有效控制。

二是大部分党员缺少大局观念，管理缺位现象严重。公司各项指标管控工作不严，未下沉到基层班组，只是管理层一头热，各项指标的管理没有分解到人，基层工作人员对指标的认识和关心不够，在平时工作时未能将降停电、降投诉放在首位。特别对于专变引起线路跳闸的现象，单纯认为专变管理责任属于营销部门，对用户故障“出门”的问题没有足够重视，缺乏大局意识，没有主动积极联合营销专业督导专变用户设备问题整改，导致类似的事故时常发生。

下一步，支部将认真对待上述问题，通过“转观念、抓作风、强落实”主题活动紧跟上级党委步伐，全力践行“人民电业为人民”的企业宗旨和以客户为中心的工作理念，切实履行“供好电，服好务”的主业、主责，始终把服务好人民群众用电“最后一公里”作为工作目标，刀刃向内，向惯性思维和作风开战，向配网开战。

一是加强支部凝聚力，真正做到党员先锋模范作用。健全激励和约束机制，加强党员的纪律意识，工作中既要给党员奖励又要进行严格监督。加强对党员的多层次、立体式、全方位管理，以高度的责任感和敢于碰硬的精神对待业务工作。领导班子和共产党员应该首先认领难点，并责任到人，并通过一段时间的“三降”整治工作，树立典型，以点带面，鞭策后进，促进工作整体作风的转化，并将党员的工作绩效和周例会同部署、同安排，使得公司全员出现你追我赶的良好态势，从而支部的凝聚力不断加强，真正起到党员的先锋模范作用。

二是深入开展领导下基层工作。党员干部将始终冲锋在生产第一线，在日常工作中守初心、践使命，严格防控措施，始终保持工作干劲，充分发挥党员干部的示范表率作用，助力公司各项工作的顺利开展。党员干部将持续充分发挥先锋模范作用，每周下现场和班组不少于4次，全面掌握班组工作状态及流程，及时处理群众中的问题和困难，从制度上优化指标管控及现场工作流程，全面改善停电及投诉指标。

三是提质增效，打造特色和亮点。国网衡阳配电检修公司的三大专业水平参差不齐，除带电作业外，电缆、自动化专业的提升空间还很大，2020年“向配网开战”战役中，电缆的实验正常、配电自动化的可靠动作是确保战役成败的关键，我们更要在这些方面利用“党建+”工程加强规范，积极作为，充实技术人员，主动工作，真正将我们三大专业打造成省内示范标杆专业。

国网衡阳配电检修公司目前正处在优化改革的关键时期，公司支委成员将在国网衡阳供电公司党委的关心和指导下砥砺前行、不断进步，紧紧围绕“强基础、优机制、抓重点、提质效”的工作思路，落实国网衡阳供电公司党委的各项部署，坚持做好各项工作，全面打赢配网“两降一控”、提质增效专项行动、资金安全大检查、扶贫攻坚、“反违章、控风险、守底线”五项战役。

转变观念　打造亮点
做实服务枢纽中心站

2020年以来，国网衡阳客户服务中心（计量中心）认真落实“强基础、优机制、抓重点、提质效”的工作要求，围绕配网“转观念、抓作风、强落实”、扶贫攻坚、配网“两降一控”、提质增效专项行动、资金安全大检查、“反违章、控风险、守底线”主题安全活动等重点工作要求，扎实开展“转观念、抓作风、强落实”主题活动，主要体会如下。

一、转观念，树立“四个意识”

一是安全意识。深入开展安全生产“大学习、大反思、大讨论”及安全大整顿、大检查，对“5·11”“7·2”安全生产事故进行深刻反思，让员工真正树立安全是“1”的安全发展理念。二是合规意识。扎实开展资金安全检查及问题整改，多轮次开展国家电网有限公司员工奖惩规定、营销服务严重违章60条、应解除职工劳动合同100种情形、违法犯罪问题典型案例等文件的学习和普考，让员工树立“合规”意识，并让“合规”成为一种职业习惯。三是为民意识。积极响应国家脱贫攻坚、助力企业复工复产、优化营商环境等要求，对满足国家降价政策的企业和贫困村、贫困户开展地毯式清理，确保优惠政策精准执行到位；积极引导企业开展市场化交易及“增供扩需”、“减弃扩需”专场交易，减少企业用电成本；积极开展“阳光业扩”、重点项目精准服务，狠抓“三零三省”政策落实，减少客户办电成本，持续优化营商环境。四是效益意识。

针对新冠疫情对国家经济的影响及电价持续降价对公司经营的影响，扎实开展减员增效、提质增效活动，加强全员绩效及内模市场管理，让员工树立“工资是挣出来的”的效益意识，主动为企业提质增效贡献力量。

二、抓作风，做到“三个更加”

一是工作要求“更加严格”。强力推进减员增效和全员绩效管理，引导不想做、不会做、不能做的员工回归工作岗位；将五项重点工作及安全管控要求与专业工作有机融合，每周安排布置落实；强化班组建设、员工思想教育和考勤管理，每周一检查各班组建设情况，每周至少抽查两次员工考勤，每周对问题员工至少开展一次谈心谈话；各项工作的落实情况一律纳入月度量化考核。

二是工作管控“更加细致”。加强营销业务监控和过程管控，根据国网湖南省电力有限公司 2020 年考核指标和考核体系，细分出 63 项异常监控内容，逐一落实到责任人；完善周通报内容，减少文字表述，增加图表，对后三名标注颜色，让周通报更易阅读，抓住重点；客户服务中心与营销部每周召开周报审查会，确保周通报没有差错。2020 年上半年通过“营销业务异常监控周报”发布溯源分析 18 篇、专项分析报告 24 篇、典型经验 1 篇，通过监控发现并行文处理典型案例 37 起，其中严重违章 13 起，处理人员 149 人，处理金额 72100 元。以上监控模式得到国网湖南省供电服务中心胡军华主任的高度肯定。

三是专业延伸指导“更加扎实”。通过联学联创、送培上门等方式，上半年赴耒阳开展现场帮扶 20 余次，并通过远程指导帮助耒阳电力公司提升采集成功率指标，综合采集成功率由 78.99％提升至 97％；清理电费电价等异常 884 条，并完成了耒阳电力公司账务业务集约化管理，实现了营财数据同步。2020 年上半年对基层单位共上门培训 16 次，受到基层单位的好评。

三、强落实，抓住重点提质效

一是紧密结合实际。将五大重点工作进行细化分解，各位分管领导、专责、班组长对照制订工作计划，明确阶段性时间节点和成效预期。部门、班组的重点工作安排均与五大重点工作相关联，不搞“两张皮”，不做重复事。二是强化常态管控。每周例会布置工作时，要重点突出，能细化到天；每天的晨会记录应能与周工作计划大致对应。综合室与中心纪检专业协同开展督办工作，每周两至三次下到班组检查工作进度情况，确保各项重点工作进度可控，重要精神得到有效传达、落实。三是突出提质增效。在两降一控方面。严抓低压电能表接线桩头管控，编制下发了《国网衡阳供电公司低压计量装置现场隐患排查工作方案》，规范表计拆回返库实物管理和 SG186 系统流程管理，开展实物对比，还原“接线端子烧坏”换表真实数量。试用高效的铜铝过渡改造方法，提升现场整改效率，从源头抓低压计量箱采购质量。月烧表数量从的 951 块（2020 年 2 月）下降到 248 块（2020 年 5 月），3—5 月环比依次下降 22%、38%、46%，加速下降趋势明显。在扶贫攻坚方面。2020 年上半年消费扶贫 33237 元。全力跟踪督办县公司及时上报易地扶贫搬迁居民生活用电核实情况，对到位的用户每月每户减免一定金额的电费，共有 11696 户易地扶贫搬迁居民，截至 6 月底，2—6 月优惠全部减免到位。在优化营商环境方面。业扩提速，推行精准服务。领导带队与大项目开展面对面交流，向客户介绍电动汽车、综合能源等新型业务，实现在前期咨询、办电、综合能源“一条龙”服务。多措并举规范施工单位违规施工、倒逼送电等扰乱市场秩序等行为，确保电网安全。在提质增效方面。优化小水电结算管理，开展问题自查。发现 12 个存在自供区的小水电用户上下网电量违规互抵，4 户线损参数设置不合理，87 户小水电合同临期或过期，需重新签订购售电合同。规范小水电抄表例日，将 20 日以前的统一调整至 20 日，上下网结算表码全部为抄表例日零点表码，有效规范小水电结算管理。

借大势　优管理　督闭环
全力推进各项重点任务

2020年以来，国网衡阳客户服务中心（计量中心）认真贯彻上级精神，全面开展“转观念、抓作风、强落实”主题活动，将主题活动作为各项工作的抓手，与主务业务全面融合，狠抓五项重点工作的落实，各项工作都有不同程度的起色，收效较为明显。

一、借大势以转变员工思想观念

一是通过资金检查及问题整改，让员工树立起“依法合规”的意识。中心自查问题28个，涉及资金1652万元；交叉检查发现问题7项，涉及金额72.8万元。目前中心正全力组织整改销号工作。通过资金的自查、整改，让项目经办相关人员对于资金规范管理有了全新的认识，均表示后续一定要规范操作，彻底改正以前操作随意、偷懒怕麻烦、只求当时过得去的错误想法和做法。二是通过反复宣讲形势和公司的企业文化，让员工树立起“为民”意识。精准落实各项政策、制度，不打任何折扣。2020年为保“六稳”，国家相继出台多项降价政策，中心组织核算班员对每项政策逐一进行培训，开展地毯式清理，做到优惠政策精准执行到位。阶段性降低企业用电成本政策，惠及用户19.5万户，累计优惠金额2690.78万元。两部制电价政策惠及用户93户，累计为企业减负金额105.83万元。三是压实责任，切实让员工树立起“履责担当”、支撑不讲条件的意识。合理分解任务，做到人人肩上挑指标，利用月会、周会、早会三个工作平台，及时解决专业间存在的协同问题；对营销部安排的重点工作逐项分解，明确责任人员，按期闭环抓好落实；对国网湖南省电力有限公司营销部、供电服务中心下发的周、月通报中涉及的对国网衡阳供电公司的表扬与批评，均按专业找到相关责任人，兑现奖惩。让员工明白中心与营销部的绩效是绑定一起又相互补位的关系，切实树立起员工“履责担当”意识。二季度营销管理同业对标国网衡阳供电公司位列全省第二。

二、优管理以改进全员工作作风

一是减员增效，工作氛围更“严”。盘活人力资源，反复多次开展工作量写实审定，重新理顺各部门、班组工作职责、内容、业务量，在不影响业务工作正常有序运转的情况下减员 15 人。通过优化绩效管理，原有部分员工工作不饱满、出工不出力、吃大锅饭的现象得到了有力整治。二是强化监督，工作管控更“细”。根据国网湖南省电力有限公司 2020 年考核指标、考核体系，细分出 63 项异常监控内容，并对权重进行了调整；完善周通报内容，减少文字表述，增加图表，对后三名标注颜色，让周通报更易阅读，抓住重点；国网衡阳客户服务中心与营销部每周召开周报审查会，确保周通报没有差错。2020 年上半年通过“营销业务异常监控周报”发布溯源分析 18 篇、专项分析报告 24 篇、典型经验 1 篇，通过监控发现并行文处理典型案例 37 起，其中严重违章 13 起，处理人员 149 人，处理金额 72100 元。以上监控模式得到国网湖南省供电服务中心胡军华主任的高度肯定。三是上门指导，工作作风更“实”。通过联学联创、送培上门等方式，上半年赴耒阳开展现场帮扶 20 余次，并通过远程指导帮助耒阳电力公司提升采集成功率指标，综合采集成功率由 78.99％提升至 97％；清理电费电价等异常 884 条，并完成了耒阳电力公司账务业务集约化管理、实现了营财数据同步。2020 年上半年对基层单位共上门培训 16 次，受到基层单位的好评。

三、督闭环以抓好重点工作落实

一是紧密结合实际。将五大重点工作进行分解，各班组领取与本专业相关的任务。工作计划细分到每个班组、专责，明确阶段性时间节点和成效预期。每周汇报工作时，将班组重点工作与五大重点工作相关联，不做重复事，不搞形式主义，不搞“两张皮”。二是强化常态管控。周例会布置的工作要重点突出，能细化到天；每天的晨会记录应能与周工作计划大致对应。综合室与中心纪检专业协同开展督办工作，每周两至三次下到班组检查工作进度情况，确保各项重点工作进度可控，重要精神得到有效传达、落实。三是强调实际效果。提质增效方面，减员 15 人，年节约工资成本计 105 万元；开展大数据分析、现场稽查超容量专变用电、严格把关账务、核算工作质量、实施远程监控精准打击窃电、加强各项营销工作质量监控，上半年发现各类异常共 252 起，累计挽回经济损失 268.2 万元。两降一控方面，严抓低压电能表接线桩头管控，编制下发了《国网衡阳供电公司低压计量装置现场隐患排查工作方案》，规范表计拆回返库实物管理和 SG186 系统流程管理，开展实物对比，还原“接线端子烧坏”换表真实数量。试用高效的铜铝过渡改造方法，提升现场整改效率，从源头抓低压计量箱采购质量。月烧表数量从 951 块（2020 年 2 月）下降到 248 块（2020 年 5 月），3—5 月环比依次下降 22%、38%、46%，加速下降趋势明显。在扶贫攻坚方面。2020 年上半年消费扶贫 33237 元。全力跟踪督办县公司及时上报易地扶贫搬迁居民生活用电核实情况，对到位的用户每月每户减免一定电费，共有 11696 户易地扶贫搬迁居民，截至 6 月底，2—6 月优惠全部减免到位。在优化营商环境方面。业扩提速，推行精准服务。领导带队与大项目开展面对面交流，向客户介绍电动汽车、综合能源等新型业务，实现在前期咨询、办电、综合能源“一条龙”服务。多措并举规范施工单位违规施工、倒逼送电等扰乱市场秩序等行为，确保电网安全。优化小水电结算管理，开展问题自查。发现 12 个存在自供区的小水电用户上下网电量违规互抵，4 户线损参数设置不合理，87 户小水电合同临期或过期，需重新签订购售电合同。规范小水电抄表例日，将 20 日以前的统一调整至 20 日，上下网结算表码全部为抄表例日零点表码，有效规范小水电结算管理。

四、感受和体会

（1）党务管理与中心工作可以互相推动。“转观念、抓作风、强落实”主题活动开展以来，以“转观念、抓作风、强落实”主题活动为抓手，每月要求各班组、支部汇报重点工作的推进情况，纪检专业加大督办跟踪的力度，大力推动了各项重点工作的落实落地；各项重点工作又对员工的思想认识的转变、工作作风改进起到积极的反推动作用，党组织的战斗堡垒作用得到了巩固和加强，各项重点工作也都得到了不同程度的提升。两者相辅相成，实现了共同进步。

（2）抓工作要借大势。借大势有利于根除原有已形成定势的固化思想，解决单靠基层单位难以独立完成的重大变革调整（如减员增效）；借大势有利于统一思想，唤醒员工的主人翁意识，提升大家的工作责任心、工作质量，团结所有员工共克时艰（如深挖潜力、提质增效）；借大势有利于根除原有工作弊病，看清自我短板，知晓工作差距，解决许多历史遗留问题，同时可借此完善体制机制，使管理水平上台阶（如资金检查）。

五、存在的问题

（一）活动开展尚在起步阶段，各项工作已开展起来，但深度仍有待挖掘

如转观念方面，员工思想总是存在着惰性的，目前主要通过外力让员工觉得不认真对待会有考核，所以行为走在了思想的前面，内心并不是主动的，还不能达到自主地将工作做得完善、完美的地步。如果缺少外力的督办，很多工作会从快节奏上慢下来，质量也会下滑，所以要形成氛围仍要有一个长期持续的过程。而在长期严抓严管的过程中，需要不断革新活动载体，让这根弦长期绷紧。

（二）重点工作仍需加力推进

（1）资金安全大检查发现了较多的问题。一是项目立项可行性分析不足，某些费用重复投资。二是项目预算编制工作不到位，形成项目的结余资金。项目结余资金使用未按规定上报财务统一安排调整预算，仅通过口头或电话请示项目结余资金的使用，无规划且随意性大，责任主体不明确。三是国网商城物资采购品类不足、定价虚高等问题。四是个别工程、服务类项目履约能力不高。缺乏项目目标和管理制度的跟进与考核，项目开工后进度缓慢、无法按合同工期履约。五是未按要求开展招标采购。由于年初没做好本年度工作的预估及规划，以至于项目先实施后招标，甚至未招标而采取内部比价方式确认供应商。

资金自查也反映出了近年来专业部门重资金分配、轻管理、不跟踪检查和基层单位操作随意的问题，后续的规范是需要严格闭环的一项重点工作。

（2）提质增效。耒阳电力公司现阶段接入采集系统共69398户，低压用户集抄改造仍然在进行中，采集异常存量消除的同时又新增了异常，导致指标低压采集成功率维持在97%，现阶段难以继续提升。同时，耒阳电力公司仍存在历史不明款项及押金未处理的问题，营财系统中应收和预收账款仍存在485万元的差异。耒阳电力公司工作质量提升较进度相对偏慢，需要公司层面有领导牵头，全方位做好各部门的协同，并考核工作进度才可能彻底改变现状。

（3）优化营商环境。一是部分地区因农网改造未完成、最近配变距离用户用电地址较远等原因，仍存在客户接电不及时的问题。二是配电工程实施力量、物资供应时间缺乏保障，难以满足配套工程与受电工程同步竣工投运的要求。

六、下阶段的打算

（一）资金安全大检查

（1）项目及费用。一是在立项初期要对项目投入产出水平有前瞻性，编制的预算应反映到客观全面的效果，降低项目决算、审计等后期环节的经营风险，促进各类目投入资金依法合规使用。二是年初计划下达后，应明确项目具体执行的责任人和责任领导，明确各个项目的招投标时间，在相应的招投标时间段里报招标计划需求。招标结果发布日期一个月以内完成与中标单位签订合同，并根据合同约定完成发票入账、付款申请。三是加强电商采购及管理工作，严禁私自换货、虚假验收、套取项目资金等不良违法行为。

(2) 电价政策的落实。一是对 2019—2020 年新上光伏用户进行梳理，根据发展和改革委员会新型光伏政策督办县公司完成光伏补贴电价调整及退补工作；二是根据政府及上级政策持续按质按量完成减弃扩虚用户退补工作；三是梳理并规范公司涉及低保、五保户退费工作。

（二）提质增效

一是督办耒阳电力公司及时完成低压居民集抄改造。在剩余 9 万户集抄改造完毕前向国网湖南省电力公司申请采集成功率指标剔除。二是进一步规范国网耒阳市电力公司账务业务，明确历史不明款项及押金的处置方式。三是完成账务集约资料移交工作，进一步清理营财差异；四是持续督办耒阳电力专变合同签订，制订倒排工期表。

（三）优化营商环境

一是强化精准服务，组建专家队伍，及时对接客户用电需求，解答用电疑难问题。二是加强市场需求调研，主动对接政府相关部门和园区，做好重点项目建设信息互通、政策收集和办电咨询服务，提前启动配套电网工程建设。三是全面梳理衡阳地区在建业扩项目，主动对接项目投资运营方，对未按规定施工、资质挂靠的情况摸底排查，及时向相关职能部门汇报，与政府联动共同优化衡阳地区营商环境。

坚定“三心”
确保工作落实落地

对于供电部门来说，“供好电、服好务”既是我们的主业主责，也是我们的奋斗目标。2020年年初，国网湖南省电力有限公司和国网衡阳供电公司提出全面“向配网开战”的总体工作部署，号召公司上下转变观念、提高认识、担当作为，坚决向思想弊病、管理短板、作风顽疾和设备问题开战。为深刻汲取教训，全面打赢、打好配网整治这一攻坚战，确保人民群众根本利益不受侵犯，我将以“转观念、抓作风、强落实”主题活动为契机，坚决做到“三个坚定”。

一是坚定初心、勇担使命，牢记共产党员身份。作为一名党员干部，我将始终牢记共产党员这一特殊身份，把供好电、服好务作为工作出发点和落脚点，切实解决好配网和台区频繁停电、台区低电压问题，把少停电、不停电作为配网运行管理硬性目标和要求，全面保障供电质量和提升服务水平。

二是坚定信心、履职尽责，矢志不渝为民服务。“向配网开战”不是一句简单的宣言，它寓意深远、催人鼓舞，蕴含了深厚的为民情怀。我们必须坚定信心、勇于面对和承担，始终将为民服务的信念厚植于心、付诸于行。我们要全力以赴抓落实、重闭环，做到执行政策不走样、执行力度不衰减、执行能力有保证，确保各项决策部署层层推进，有效落地落实。始终坚持问题为导向，突出“一贯到底、马上就办、督察督办、办必办好”的原则，科学推进、持续发力，做到件件有落实、事事有回音，全面提升工作执行力和工作成效。

三是坚定决心、不辱使命，推进工作落实落地。“向配网开战”没有任何捷径可走，关键是成效。越是形势复杂、挑战严峻，我们越要以坚韧不拔的意志和无私无畏的勇气去面对，用攻坚克难的实际行动诠释使命担当，把责任担当体现到每一件任务、每一项工作、每一条线路、每一个台区、每一个岗位上。

我们必须以“两降一控”为工作抓手，提高政治站位和工作站位，加大对线路和设备的巡视力度，同时做好通道治理，充分利用“党建＋”的工作模式，充分发挥党支部的战斗堡垒作用和党员的先锋模范作用，坚决向思想弊病、管理短板、作风顽疾和设备问题开战，重拳整治公司“高跳、低压、重载、频诉”的配网供电线路，坚决做到整治一条，验收一条，出成效一条，全面提升配网运营指标。

“向配网开战”是我们的深入推进“转观念、抓作风、强落实”的一场意义重大的全体战、攻坚战，是我们加强专业管控与行风建设，提升为民服务水平的重大举措。我们将团结凝聚城区客服分中心领导班子的力量，发扬高、严、细、实的工作作风，带领公司员工打赢这场配网攻坚战，向国网衡阳供电公司党委和广大电力客户交上一份满意的答卷。

在“转观念、抓作风、强落实”中问策寻方 在重点工作中突破自我

在国网衡阳供电公司领导下，国网衡阳客户服务中心华新分中心上下认真贯彻落实公司党委“转观念、抓作风、强落实”主题活动工作要求，强化主题活动组织领导，贯彻落实《关于加强公司作风建设的三十六条硬性措施》，制订工作方案，明确工作目标、工作方式及完成期限，逐级督导闭环，推进配网“两降一控”、提质增效专项行动、脱贫攻坚、资金安全大检查等各项重点工作落实落地，稳步推进各项重点工作，营造了浓厚的主题活动氛围。

一、主要收获和体会

一是“转观念、抓作风、强落实”主题活动意义重大，收获了信心，坚定了今后的工作思路。分中心主要任务是配网管理和营销工作，配网是电网的神经末梢，是连接电力客户的最后一百米，而营销工作更是直接面对广大用户，思路决定出路，如果华新客户服务分中心的全体干部员工不能充分认识新形势、新任务的要求下观念转变、作风建设的重要性，不转到有为民情怀这个高度上来，那供好电、服好务只能是一句空口号。正是通过各级务实开展“转观念、抓作风、强落实”主题活动，使大家真正做到转变观念，执行力得到极大加强，工作效能明显提升，原来存在的各种不足和问题不断改善，各项工作走向了不断上升的良好趋势，为高质、高效完成全年工作目标打下了坚实基础。

二是具备良好的工作习惯方能奠定扎实的工作基础。华新客户服务分中心积极落实国网衡阳供电公司“设备主人”机制要求，制订配电“设备主人”制方案，明确“设备主人”管理职责，推进“设备主人”机制在基层班组落实落地。从曾经的“以抢代维”，重抢修到重维护的有效转变，员工的工作模式由“抢修队”转变为“诊疗队”，同时着力培养员工“七分准备、三分作业”“不欠账、不作假”“创造性落实工作”“工作要高效闭环”四种良好习惯，全面开展设备的红外测温、带电局部放电、防雷检测、防外破巡视等，对于隐患设备、重载设备、重要用户供电设备每周周例会制订巡视计划，领导班子带队下现场开展每周不少于 2 次的巡视，有效减少了因维护不到位造成的线路故障问题。

三是有真抓实干、敢于攻坚的决心方能取得突破。通过竞争上岗、双向选择方式盘活华新客户服务分中心内部人力资源，结合“向配网开战”专项行动，对供电服务职工进行回流、全面消除混岗现象。深化三项制度改革，畅通员工能进能出，解除劳动合同一人。坚持严抓严管，运用营销职能管控平台，营销“两率一损”大数据分析，加大对各所、站重要区域、重要时段、重要客户反窃查违力度，常态开展夜查、早巡等现场降损行动，铁拳查处内部窃电行为，堵塞“跑冒滴漏”。截至 6 月底，累计查处违约窃电户 106 户，查处金额共 43.68 万元。华新客户服务分中心半年度对标排名进步明显，环比上升 6 名，下阶段华新客户服务分中心将乘胜追击，保持赶超劲头，争取年度对标进入 A 段。总之，“转观念、抓作风、强落实”最终要落实到干好实际工作上，需从思想上重视，从行动上落实，在过程中优化，在效果上彰显。

二、下一步打算

一是持之以恒开展“转观念、抓作风、强落实”主题活动，确保队伍稳定，工作不松劲、不懈怠。在紧抓快办作风带动下，以身作则，发挥率先垂范作用，一级带着一级干，营造一种敢于担当、崇尚实干、注重落实的好风气，打造一支责任心强、执行力强、感召力强的好队伍。

二是持之以恒开展向配网开战工作，确保配网运维进入新常态，明年春节保电打个翻身仗。按照国网衡阳供电公司总体部署，有计划、有步骤地开展工作：积极开展配网线路现有断路器和保护定值排查和治理，落实线路三分段，积极补充分支断路器，在配网问题还不能全面解决的情况下，确保减少设备故障引起停电范围，为治本赢得时间；持续开展配网线路问题大排查，并逐条线路开展问题分析，精准施策、直击问题靶心，在迎峰度夏结束后完成 6 条频跳线路整治；加强专变用户管理，配电班与客户经理一道定期开展巡视，杜绝故障出口；全面梳理春节保电问题，以低电压治理为主线，结合设备重过载，落实资金渠道，加快整改，将问题全部销号；积极开展精益运维工作，加强“设备主人”管理，通过对“设备主人”的督导和考核，让“设备主人”真正视设备如孩子，确保各项运维工作落实。

三是持之以恒开展强基础工作，确保实现华新客户服务分中心安全生产和长治久安的总体目标。积极开展基础性工作，完成全部用户电话收集到位，制订考核激励机制，确保有效减少台区 95598 工单量，提升营销优质服务水平。开展数据精益化普查工作，梳理现场低压设备，制作标识牌，确保现场设备命名规范率、标识牌张贴率均为100%，测量记录电力设备经纬度数据并建立拓扑连接，以此为据更正 PMS 系统中设备实际位置，提供真实有效数据支撑，实现停复电快速诊断，提高班组工作效率，为实现配网“两降一控”目标打下坚实基础。

下阶段继续带领分中心全体员工以“转观念、抓作风、强落实”主题活动为抓手，以六项重点工作为载体，进一步转观念、抓作风、强执行，做到上级政策精神坚决贯彻，公司党委要求坚决执行，公司规矩制度坚决遵守，公司工作举措坚决落实，把华新客户服务分中心的各项工作推向更高台阶，做出新的更大贡献。

践行企业宗旨 深入“供好电、服好务”

根据国网衡阳供电公司党委“转观念、抓作风、强落实”主题活动安排，围绕“强基础、优机制、抓重点、提质效”的工作思路，立足国网湖南省电力有限公司“转观念、抓作风、强落实”主题活动、扶贫攻坚、配网“两降一控”、提质增效、资金安全大检查、“反违章、控风险、守底线”主题安全活动等重点工作要求，结合本人思想认识和工作实际，对开展“转观念、抓作风、强落实”主题活动的认识与感受颇多，也有一定的收获，主要如下。

一、对主题活动的认识

国网湖南省电力有限公司党委开展“转观念、抓作风、强落实”主题活动，其目的就是教育引导广大干部职工强化政治意识，把思想和行动统一到党中央决策部署上来，以更坚定的信心、更有力的举措、更优良的作风，坚决抓好国家电网有限公司党组和湖南省委、省政府工作要求的贯彻落实，为推动公司和电网高质量发展持续发力、加倍努力、再建新功，推动公司发展再上新台阶。

主题活动的核心要义就是要转变观念、抓好作风，把国网湖南省电力有限公司党委决策部署落实落地；活动要坚持问题导向，查找问题要多从自身找主观、少找客观；活动的重点对象是各级领导班子，尤其是各级党政负责人；活动要坚持“四个一定”“一个确保”的基本原则，即一定要持之以恒、持续推动主题活动深入开展，一定要和中心工作、重点工作结合起来，一定要用重点工作成效来检验活动成效，一定要坚决杜绝各种形式主义的做法，确保主题活动取得最好效果。

二、对主题活动的感受

国网湖南省电力有限公司党委开展“转观念、抓作风、强落实”主题活动，针对当前工作中存在的突出问题和薄弱环节，触及灵魂动真格、抓住重点出实招，以从严从实、抓细抓长、一级管一级的高压态势深入推进，确保重点工作任务目标的实现。这就必须：转变个人陈旧落后的思想观念，做到与时俱进；狠抓作风建设，做到令行禁止，合法合规；强化执行，做到履职担当，落实落地。这是干事创业的内在动力和基本保障。

转观念：要牢固树立为民意识，坚守主责、主业，供好电、服好务；要牢固树立合规意识，强化法治企业建设，主动适应外部监管，加大内部巡察审计、各类依法治企检查的力度；要牢固树立履责意识，形成正确的权力观和业绩观，打破各级本部部门之间存在的专业壁垒，强化工作沟通协作。加强专业部门与支撑机构、专业部门与基层单位之间的协同协作，坚决杜绝“我的地盘我做主”的思想。通过开展“转观念、抓作风、强落实”主题活动、“为民服务”“履职担当”“遵章守纪、安全发展”专题学习，自我检视、自我反思，触及思想灵魂，做到入脑入心，真正带来了一次思想上的大洗礼，保证了在思想上、认识上与公司党委保持高度的统一一致。

抓作风：作风建设永远在路上，要持续发力、久久为功。要从大局着眼，从小处着手，持续保持抓作风建设的力度。要强化《关于加强公司作风建设的三十六条硬性措施》刚性执行，突出领导干部和各级本部抓作风，不断巩固公司风清气正的氛围。通过开展“转观念、抓作风、强落实”主题活动，深刻剖析工作作风方面存在的突出问题，实施“零容忍”，严肃追责问责，求真务实，反对弄虚作假，履职担当，以上率下，典型警示，增强了广大干部员工攻坚克难的信心，增加了广大干部员工干事创业的动力，使广大干部员工精神风貌焕然一新。

强落实：坚持问题导向、聚焦重点工作，突出“一贯到底”“马上就办”“督察督办”“办必办好”抓落实，做到执行政策不走样、执行力度不衰减、执行能力有保证，确保上级的决策部署层层推进。通过开展“转观念、抓作风、强落实”主题活动，落实主业、主责，强化专业管控，围绕“强基础、优机制、抓重点、提质效”的工作思路，突出对扶贫攻坚、配网“两降一控”、提质增效、资金安全大检查、“反违章、控风险、守底线”主题安全活动等重点工作任务目标的全过程管控、业绩考核，各项重点工作指标不断提升，业绩不断优秀，为完成全年目标奠定了坚实的基础保障。

三、对主题活动的收获

（1）使思想认识更统一提升。广大干部员工一致认为国网湖南省电力有限公司党委开展“转观念、抓作风、强落实”主题活动正当其时，是结合实际，推动公司和电网发展再上新台阶的良方妙药，员工的思想认识、政治站位不断提高，“功成不必在我，建功必定有我”的责任意识、“以客户为中心”的服务意识、“以我为主、勇于负责、敢于担当；以我为辅、积极配合、甘当人梯”的协同意识不断增强，“自觉执行、马上执行”的执行文化、“诚实守信、务实守诺”的诚信文化和“企业兴衰、员工有责”的责任文化逐步培育，这些对广大干部员工的思想乃至分中心的发展必将产生深远的影响。

（2）使工作机制更落实落地。开展“转观念、抓作风、强落实”主题活动，华新客户服务分中心成立了领导小组和工作小组，压紧、压实工作责任，并结合实际制定了方案、计划，细化“进度表”“路线图”，建立落实定期会商通报制度和督查督办机制，强化过程管理。“转观念、抓作风、强落实”主题活动始终贯穿扶贫攻坚、配网“两降一控”、提质增效、资金安全大检查、“反违章、控风险、守底线”主题安全活动等重点工作，建立健全各项工作机制，相辅相成，互为作用，确保了重点工作有力、有序推进。

(3) 使“争先锋、做表率”氛围更浓厚。华新客户服务分中心通过建立微信工作群和利用宣传栏、公告栏、展示牌、看板等大力宣传“转观念、抓作风、强落实”主题活动的要求、工作进程和活动成效。广大干部员工为民服务、担当作为、遵章守纪的意识不断增强，领导班子良好的带动示范作用，带领广大干部员工形成了在落实公司党委决策部署中“争先锋、做表率”的良好氛围。

(4) 使党建引领更融入中心及重点工作。华新客户服务分中心党总支以党建引领为抓手，真正做到“没有脱离党建的专业、也没有脱离专业的党建”，让党建工作深度融入中心及重点工作，充分发挥好各党支部战斗堡垒作用和党员先锋模范作用，以更加务实的作风、更加精益的管理认真抓好“转观念、抓作风、强落实”主题活动、配网“两降一控”、提质增效、扶贫攻坚、资金安全大检查、“反违章、控风险、守底线”主题安全活动等重点工作，力争圆满完成全年目标任务。

(5) 使干事创业的合力更凝聚。牢固树立华新客户服务分中心“一盘棋”大局思想，加强沟通协作、强化协同联动，保持奋发有为、永不懈怠的精气神，坚定信心决心，鼓足勇气干劲，凝聚起攻坚克难、决战决胜的共识与合力，华新客户服务分中心全力推动“转观念、抓作风、强落实”主题活动、配网“两降一控”、提质增效、扶贫攻坚、资金安全大检查、“反违章、控风险、守底线”主题安全活动等重点工作朝着既定目标稳步前进。

本人作为华新客户服务分中心党总支书记，下一步要将思想和行动更加统一到上级党委决策部署上来，坚持履职担当，切实扛起主业、主责，做到靠前指挥、亲力亲为、抓部署、抓协调、抓落实，做好党员、员工的表率；树牢为民服务意识，践行“人民电业为人民”企业宗旨，大力提升供电服务品质，增强电力发展给广大人民群众带来的幸福感和获得感，为广大用电客户“供好电、服好务”；树牢安全发展意识，强化安全管控、防范安全风险，号召党支部和党员在安全生产中发挥党组织战斗堡垒作用和党员先锋模范作用，安全履责筑堡垒、先锋先行保平安。

本人将认真学习贯彻习近平新时代中国特色社会主义思想，在公司党委坚强领导下，进一步提振干事创业热情，落实国家电网有限公司新战略，全力以赴打赢全年目标任务攻坚战，为推动公司发展再上新台阶而努力奋斗。

巩固发展基石 服务一方热土

2020 年上半年以来，通过开展“转观念、抓作风、强落实”主题活动，对进一步改变工作作风，树立“供好电、服好务”的供电企业意识，为构建“党委主导、专业主抓、基层主责，上下联动、分级落实、齐抓共管”工作格局具有一定的指导意义。下面我从以下几个方面谈一下做法和体会。

一、活动开展以来的主要做法

（一）强化考核体系制度，提升管理水平

国网衡阳珠晖区供电支公司成立以来，通过建立健全的关键业绩指标考核体系，按照精益运维的工作要求，对关键节点、关键环节和重点工作明确奖惩标准，实行量化考核，形成全员凭指标和绩效挣工资的赶超氛围。在为民服务上，采取多样措施，从便捷客户办电手续、优化业扩流程，到规范业务执行、建设统一服务平台、健全供电服务标准制度，使得公司整体服务能力显著提升。2020 年上半年以来，完成了春节保电、高考保电等各项保电工作，进行了酃周 A 线、东湖线等 6 条线路集中检修，完成了“两降一控”目标，半年度排名全省第六名。这些工作上的成绩既肯定了“转观念、抓作风、强落实”主题活动的成效，也对我们下阶段工作增添了信心。

（二）紧抓“两降一控”指标，提升供电可靠性

截至 6 月底，通过对 10 千伏酃周 A 线等 6 条线路的集中检修，更换

导线 6.3 公里，新立杆塔 87 基，更换柱式绝缘子 644 支、老旧熔断器 56 处，更换线夹 1246 个，悬式绝缘子 1342 只、各类避雷器 42 组、治理安全隐患 3 处，加装或更换一二次融合柱上断路器 8 台，实现了“一停多用、一步到位”的配网精准整治目标。并将线路及台区停电全面纳入考核管控，对线路故障停电实行日管控、周通报、月考核机制，确保停电次数和时长双管齐下一手抓。通过国网衡阳供电公司运维新常态工作方案部署配网运维工作，认真开展配网运维，利用微信开展巡视痕迹稽查，定期开展巡视工作。8 月份，华新客户服务中心实现了连续 8 天“零故障停运”的好成绩。

（三）转变服务理念，聚力提质增效

一是走访各级政府部门，争取政府政策支持，聚焦重点领域电能替代推广，实现了替代电量 4664 万千瓦时，重点领域电能替代电量 740 万千瓦时。二是通过严格统筹计划停电管控，落实配网半年度停电管控机制，提高用户用电满意度。根据“能带不停”工作原则，规定带电作业审核流程是所有计划停电申请的必须流程，经认证无法开展带电作业后方可申报停电计划。三是强化线损管控力度，加大反窃电管理力度。采用实时监控、夜查及用电高峰时段排查等多种方式，开展反窃电专项活动，对高损台区集中治理，集中时间严厉打击窃电行为。2020 年查处违约用电 68.7 万元，综合线损合格率达到 2.92%，排名全市第二名。四是进行人力资源深化改革。根据国网衡阳供电公司下达的定员标准，对公司全口径用工进行统计；按部门逐一审核，对存在混岗及两种以上用工的人员，通过清退或异动等方式对各部门的用工形式进行清理。4 月底完成清退人员 22 人，节约人工成本 137 万元。

二、存在的不足

“转观念、抓作风、强落实”主题活动开展以来，华新客户服务中心虽取得可喜的成绩，但是还存在不足。

（1）安全生产方面。一是应急事故处理不成熟。6 月份发生的船山论坛停电事故，给企业形象造成了不良影响，暴露出公司农网改造、营销施工安全管理不到位，事故应急处置不当等诸多问题。二是珠晖老城区电网结构不规范，网络架构脆弱，造成停电次数较多。三是配电运维人员培训不够。由于现阶段配电运维人员素质参差不齐，对发现问题、处理问题的能力不高，造成不能及时对故障点进行判断解除。

（2）营销方面。一是低电压问题突出。酃湖组表问题，由于表后线径过长，线路老化情况严重。导致辖区内低电压现象频发。二是优质服务方面要加强。对设备巡视、消缺不到位，低压停电没有引起重视，发生停电后未及时采取有效预防控制措施，服务手段有限；报送停电计划时，未能认真解读相关管理制度要求，理解上产生偏差，导致停电计划不能满足客户需求，客户经理在与客户交流中不能及时化解客户不满情绪导致投诉事件频发。

三、下阶段的重点工作

（1）加强配网运维水平，提升客户满意度。按照国网衡阳供电公司要求实行“客户经理制”与“设备主人制”合一，积极组织开展好高低压配电运维专业人员培训，编制巡视作业卡，结合客户走访、计量采集运维、用电检查等现场工作，常态化开展设备巡视工作，提高配电运维及计划检修效率，有效防控安全风险，突破以往“强营销、弱运维”的局限。

（2）严控停电管理，持续提高供电可靠性。坚持“能带不停、先算后停、一停多用”的检修原则，合理开展线路集中整治工作，压降预安排停电时长。合理优化配网保护策略，对网架结构不满足要求的线路，结合项目改造加装智能开关并调试上线。严格落实运维新常态工作要求，力争达到运维新的考核目标。

扎牢安全“保险”
守护家庭幸福　确保企业平安

2020 年 6 月是全国第 19 个“安全生产月”，也是国网湖南省电力有限公司“反违章、控风险、守底线”安全主题活动月。在“反违章、控风险、守底线”主题安全活动中，我们学习了《习近平总书记关于安全生产工作的重要论述》、国网湖南省电力有限公司党委《关于深刻吸取事故教训　坚定信心　振奋精神　全面完成全年目标任务的通知》和“5·11”事故警示教育暨“反违章、控风险、守底线”主题安全活动启动会精神、湖南送变电工程公司“5·11”事故快报等，并进行了集中讨论和分组讨论。下面，是我参与活动的心得体会。

一、通过两个故事感受了习惯的力量

一个寓言：一位没有继承人的富豪死后将自己的一大笔遗产送给远房的一位亲戚，这位亲戚是一个常年靠乞讨为生的乞丐。这名接受遗产的乞丐立即身价一变，成了百万富翁，新闻记者便来采访这名幸运的乞丐：“你继承了遗产之后，你想做的第一件事是什么?”乞丐回答说：“我要买一只好一点的碗和一根结实的木棍，这样我以后出去讨饭时方便一些。”

另一个是关于白痴的故事。一个白痴住在塔楼的附近，她每天的娱乐就是数钟声，几年如一日，有一天大钟莫名其妙地坏了，而这个白痴仍在数，她知道大钟此时应该响几声，就这样代替大钟准确报时。

可见，习惯对我们有着多大的影响，因为它是一贯的，在不知不觉中，长年累月地影响着我们的行为，影响着我们的安全，左右着我们的成败。一个人一天的行为中，大约只有5%是属于非习惯性的，而剩下的95%的行为都是习惯性的。

心理学研究证明：某件事重复21次会成为习惯，210次有效重复会成为专业，2100次有效重复会成为专家。习惯左右人的思维方式，观念行为直至成为“下意识”，良好的行为习惯十有八九能够变成牢不可破的信念。

著名生理学家威廉·詹姆士说：“播下一个行动，收获一种习惯；播下一种习惯，收获一种性格；播下一种性格，收获一种命运”。在日常工作和生活中，我们会经意或不经意养成一些说话办事的习惯，这些习惯的力量起初看起来似乎很微弱，弱如一段绳、一滴水，几乎让人感觉不到他的力量，但绳锯木断、水滴石穿，等你能感觉到它的存在的时候，它的力量已大得足以震撼山岳了！

有这样一个实验可以形象地说明习惯形成的社会机理：把6只猴子放进一个笼子，在笼子的顶部固定一串香蕉，香蕉的另一端与高压水枪开关相连，当香蕉被拉动时，所有猴子都会被水枪射出的冷水淋湿。刚开始，每一只猴子都想吃到香蕉，但通过尝试得出结论：香蕉不能碰，一碰就挨淋。此后只要有猴子心存侥幸去拿香蕉，其余5只猴子就会不约而同地向其发起攻击，因为它们不愿意和它一起倒霉。接下来，从6只猴子中取出1只，并放入1只新的猴子，新来的猴子看见香蕉心想一定是到了天堂，但是只要它伸手去拿香蕉，就会受到其他5只猴子毫不客气地攻击。如此反复，这只新来的猴子形成了这样的思维：香蕉不能碰，一碰就挨揍。然后，新猴子不断被放入，每放入一只新猴子的同时，就取出1只原来的猴子。每次替换猴子的时候，这样的教训就会重新上演一次。很快，最初在笼子里的6只猴子全部被替换出去，而香蕉仍然完好无损——虽然后来的这些猴子从未被冷水淋湿过，但他们都知道香蕉是不能碰的，谁碰谁就会挨一顿暴揍。在这样特定的环境中，每一个猴子都会通过拿香蕉、挨打的过程，形成了谁拿香蕉就打谁的习惯，而无需动用高压水枪了。

我们的生活中存在许多类似的情形，我们的很多习惯是在外部环境的刺激下形成的。对一个行为的每一次重复，就会增加我们再次实施它的概率。随着重复次数的增加，由于自然的条件反射，开始的行为成了自动的行为，不再受大脑的控制。我们身体的各个部位形成了各种各样的习惯，它们通过条件反射和潜意识自动发挥作用。

通过以上分析，得出这样三条结论：第一，习惯是后天形成的；第二，习惯是可以培养的；第三，习惯会在我们无意识中发挥强大的作用。

二、习惯性违章是安全之大敌

习惯性违章，顾名思义就是指一些因有不良习惯或贪图省事、方便在作业过程中违反安全规章制度的行为，把违章的行为习惯化。这些“习惯”也因其便利性和偶然安全性使我们习以为常，而危险却恰恰隐藏于这些“习惯”之中，待到各种危险因素结合在一起，就如同火山爆发，将会严重威胁我们的生命。

安全事故大多数来自于习惯性违章。当然并不是说每次习惯性违章都能立即引发事故，而是说把违章养成“习惯”后所蕴藏的巨大风险。因为，违章成为习惯，危险的行为就变成了自然而然的行动。曾经看过这样一个故事：有一个刚入佛门的小和尚学剃头，老和尚让他削冬瓜皮来练习，每次练完之后他就随手把刀扎在冬瓜上，老和尚多次劝说，小和尚都充耳不闻，置之不理，久而久之养成了坏习惯，有一天老和尚让他给自己剃头，小和尚完事后照样顺手把刀插在老和尚的头上，结果这样一刀下去，造成了严重后果。这个故事给了我们一点启示，一些平时不注意的不良行为，任其发展下去，渐渐形成习惯，最终可能酿成大祸。

习惯性违章在我们的身边屡见不鲜，如：进入现场作业传达事项不认真、不戴安全帽或戴了不系下颚带；应该停电作业、挂接地线、验电的不注意停、挂、验或不严格按要求操作到位；梯上作业没有专人扶手等。这些事情在一些人的心目中，是小事一桩、不值得一提，不用小题大做。但恰恰是这些小事、恰恰是这些习以为常，曾经让我们的职工付出过生命和流血的巨大代价。

习惯性违章是安全的大忌，之所以根深蒂固，难以清除，主要是由于人的惰性引起的。在“干惯了”方面有三个突出特点：一是顽固，常常复发，特别是在失去监督的情况下暴露；二是传染，看到有违章，没有出现严重后果，其他人员就会效仿；三是传承，年轻人看到老师父走捷径省力省时，就会模仿学习甚至“发扬光大”。在“看惯了”方面也有几个特点：一是不会管，不知道违章；二是不敢管，怕得罪人：三是懒得管，责任心缺失；四是不值得管，标准低。这都是对安全的不作为，不负责任。所以，我们一定要超前防控，不让风险形成事故。要认真履责，让安全成为习惯。

三、如何让安全成为习惯

无论我们是否愿意，习惯总是无孔不入，渗透在我们工作、生活的方方面面。安全生产、安全生活离不开良好的安全习惯。然而，良好的习惯不是靠一天两天，说养成就能养成的东西。行为习惯的形成过程，是多次重复的过程。比如我们教育孩子不要随便乱扔纸屑，他今天做到了，明天又忘记了，我们见到了还得说，说多了他就记住了。习惯性违章不能习惯性不管，道理也在这里。所以，在企业里对任何违章的行为，只要发现就必须予以纠正。

那么，如何让安全成为习惯，让安全习惯成为安全保障？

第一，要培育安全环境。一是让规则使其不能。就是要通过健全完善的规章制度和标准规范，来调控人员的行为；界定行为是否安全，并对不安全行为给予明令禁止，使想投机取巧的人失去任何可供凭依的借口。二是让教育使其不违。就是要不断强化安全风险意识，不仅要让员工知道哪些行为不安全，不能做，还要让员工知道为什么不安全，为什么不能做，更要让员工知道如何防止这些不安全行为，增强遵章守纪的自觉性，做到不违反规章制度。三是让监督使其不易。就是要建立完善的监督机制，加强安全管理的力度，充分发挥管理人员的监控作用、同事之间的互控作用，让每一个岗位上的人员都知道自己的一举一动都有人的监控，他们的任何违章违纪都可能受到考核，让惯性问题不容易发生。四是让严惩使其不敢。就是要严格管理，对违反安全规章制度、操作规程和标准规范的人员进行及时、高效、有力度的惩罚，让投机取巧者不敢越雷池一步，让图省事、占便宜者感到得不偿失。

第二，要发挥党员作用。一是要强化党员意识。党员在生活、工作中要佩戴党员标志，身着党员先锋队队服，时刻提醒自己是一名共产党员，时刻要求自己按照党员的标准去落实工作要求，让自己的一言一行、一举一动都能体现出党员的原则性和先进性，做到平时工作能够看得出来，让党员形象影响周边员工，提升正能量。二是要加强学习，提高本领。党员要做一个勤学习、善学习的人，一个有思想、会思考的人。要坚持问题导向，注意发现问题、注重解决问题。做到知安全、会安全、能安全，不断增强工作本领、提高解决实际问题的能力和水平，让党员能力的提高在保证安全中发挥更大的作用。三是要注重实践，培养安全习惯。党员要严格自律，坚持做到自己不违章、不违纪。同时每天做好三件事：每天做一件自己虽然不情愿，但对遏制惯性违章有意义的事；每天做一件不随波逐流、不随声附和的坚持原则的事；每天做一件制止违章违纪的事。四是要加强带头作用，影响自己周围人员形成安全习惯。我们公司有党员60余名，接近员工半数。如果每一名党员能够带动1～2名职工做到不违章、不违纪，教育、督促员工养成标准化作业习惯，那我们的安全形势就会更好，安全局面就会更稳，安全基础就会更牢。

总之，习惯的力量是巨大的，坏习惯是安全的大敌，好习惯是安全的保证。让我们从自身做起，从小事做起，从点滴做起，发挥党员带头作用，让严守规程、遵章守纪的思想和行为深深根植在我们的心中，让安全成为全体员工的一种习惯。

在中国有一个非常吉祥的说法叫作“五福临门”，到底什么是五福呢？一福是长寿，二福是富贵，三福是康宁，四福是好德，五福是善终。这五福就是我们每个人心中永远的最美好的向往。然而这一切都是由人一生的安全作为载体的。曾有一位老师傅在退休前爱惜地抚摸着用了多年的安全带说：这根安全带呀很结实，它的一头系着我，另一头系着一个幸福的家。所以安全是一个永恒的话题，谁鄙视它，谁就会跌进痛苦的深渊；谁看重它，幸福就会与谁相伴！

统筹发展与安全
攻克重点　突破难点

通过开展“转观念、抓作风、强落实”主题活动，我对如何革新观念、优化作风、强化落实等方面都有了更为深刻的理解，下面谈谈个人在参与本次主题活动中的体会。

一、安全生产工作

近期组织学习了国家电网有限公司“4・14”“7・3”“5・11”“7・2”等一系列事故通报，每一起事故都是一个血淋淋的教训，给企业带来损失、给家庭带来不幸，这些都是由于违章作业造成的，违章不一定发生事故，但事故一定存在违章。

通过每一起事故的学习，我们要树立强烈的安全责任感，认真学习安全工作规程，对照安全工作规程逐条检查自己的行为，用安全工作规程来规范自己的行动，消除图省事、怕麻烦和认为不执行安规也不会出事的糊涂观念和麻痹思想，认真学习有关业务技术知识，不断提高自身业务能力。

安全责任重于泰山，我们要从自我做起，人人行动起来，牢固树立“安全第一、预防为主”的理念，积极投入到反违章活动中，增强责任心，增强责任感，养成遵章守望的良好习惯，做到时时、事事、处处、人人讲安全，为公司发展奠定坚实的基础。

二、“转观念、抓作风、强落实”主题活动

通过深入开展“大学习”“大讨论”“大教育”、组织主题党日活动、

围绕春节保电问题开展学习研讨反思等形式，深化思想斗争，我发现要善于发现问题，要深入基层调查了解，掌握第一手资料，及时发现困难，及时解决问题。不仅要善于发现问题，更要注重提出解决问题的方法。对发现的问题，认真地分析研究，逐一解决，才能更好地抓好落实。

一是要群策群力，集思广益，想办法、寻路子。一个人的能力是有限的，要发挥群众的力量、集体的智慧，调动一切积极因素，找到解决问题、克服困难的办法。

二是要不断学习，勤于动脑，增才干、长能力。在工作中不断学习，艰苦历练，学中干、干中学，不断提高思想水平和工作能力。

三是要转变观念，树立信心，不懈怠、永奋斗。全体干部员工要转变观念，树立解决问题的信心，保持队伍的士气和斗志。

三、配网“两降一控”工作

从 2020 年 3 月中旬国网湖南省电力有限公司吹响“向配网开战”号角开始，配网专业精益管理水平需大幅提升的压力扑面而来，作为管理者，为快速适应这种改变、提高自身和专业线的作战能力。主要从“转观念、抓作风、强落实”三方面下功夫。

一是做好自身和专业线员工观念转变，深刻认识当前配网问题亟须整治的现状，充分发挥 10 千伏线路“设备主人制”，从“只要做事”向“还要想事”的观念转变，从“我要抢修”向“我要运维”的状态转变。

二是抓好自身和专业线员工作风建设，专业管理摒弃大而范，务必严、细、实，通过公平、合理应用绩效考核，严厉杜绝“观望等待、得过且过”的工作作风。

三是强配网运检和检修落实。充分利用好“向配网开战”的契机，以“两降一控”为抓手，坚持配网运维、检修两手严抓，力争早日实现运维新常态。

接下来，在扎实做好配网运维、检修工作的同时，要加大力量做好配网验收管理，只有“控增量、消存量”，配网问题才会减少，故障跳闸才会大幅降低。

四、提质增效专项行动

2020年上半年是营销工作复杂多变、挑战严峻的半年。但在公司全体员工的共同努力下，我们克服了疫情、人员调整等内外部环境不利因素，上半年提质增效整体工作局面稳定。下半年想要进一步完成提质增效工作，还需从三个方面入手。

一是以精细的安排丰富管理内涵。精细的安排，是管理的前置。从简单、常态、可控等角度入手，统筹做好工作计划安排，做到“有工作必定有目标、有目标必定有要求、有要求必定有措施、有措施必定要闭环”，形成目标清晰、要求精准、措施具体、闭环高效的管理安排。

二是以有效的沟通消除管理沟壑。专业繁多、要求严格，是目前的现状，各环节同时发生、同时完成的特殊性，更凸显了沟通联动的重要性。各专业、各班组和各供电所要切实增强协同、协调、服务意识，既要各负其责，更要分工合作，多开展“串门式”管理、移情式倾听，消除沟通误区、专业隔阂，形成管理合力。

三是以有效的考核促进管理改进。考核是“指挥棒”，但不是“万金油”；考核能促进工作，但难以让所有员工认知认同。杜绝“胡萝卜加大棒”式的考核导向管理方式，多在管理细、沟通畅上下工夫。同时仍需保持考核的威慑性和公正性，对违规违纪或经反复沟通无效不得不考核的，必须按制度严格考核到位，做到铁面无私、绝不留情。

五、资金安全检查

资金安全和资金使用看似与“转观念、抓作风、强落实”主题活动“提质效”主题没有直接的关联，但实际上却是密不可分的，能把所有的项目资金都实实在在用在生产检修、配网降跳、营销服务等工作最需要的地方，就能为各项工作助力。要真正将资金用好、用实还需要不断学习、积累经验、总结分析，同时也要加强财务部与业务部门的沟通和专业知识的积累，总之就是要对财务管理工作提出更高的要求。

六、扶贫攻坚工作

中国有句古话："授人以鱼，不如授人以渔。"因此，我们要帮助贫困户掌握一技之长，激发其内生动力，学会脱贫致富的本领，才会永远有鱼吃。

当前，很多贫困户已经解决了温饱问题，实现了"两不愁"，只是家庭纯收入未达到脱贫标准。在广大的农村，凡是有劳动力的家庭，在当前的小农模式下可以实现自给自足，只是相对于国家的经济发展、小康社会而言相对贫困。可以说，在某种程度上，贫困户并不真正缺"鱼"，缺的只是"捕鱼"的方式方法。因此，我们在扶贫过程中不能单纯只送物质上的东西，我们要为贫困户传授技术、扶持技术，激发贫困户"我要脱贫"的内生动力，才能从根本上解决贫困。修路建房、送钱油米只是解决当前一时的问题，贫困根源才是真正的问题所在，"授人以鱼，不如授人以渔"才是解决贫困问题的根本法宝。

抓实工作思路　优化方式方法
确保公司发展取得新成绩

2020年以来，国网湖南省电力有限公司开展的配网“两降一控”、脱贫攻坚、提质增效专项行动、资金安全大检查及“转观念、抓作风、强落实”主题活动五项重点工作，在县所两级得以扎实高效推进，现就本人在工作实践中的体会收获报告如下。

一、工作体会

一是在工作思路上。要正确判断、分析形势，工作中经常出现三种局面，第一种局面为“一部分人干，一部分人不动”，此时需要“黑黑脸”；第二种局面为“大家都在干，但效果不理想”，此时需要“打打气”；第三种局面为“大家都在干，干的有好有坏”，此时需要“指指路”。当前面临的形势，需要成为不仅是一个行动者，也要是一个思考者。当前面临的压力，迫使大家不能只顾低头走路，必须抬头看路；当前面临的挑战，促使大家无法墨守成规，必须创造性落实工作。

二是在工作方式上。要学会如何了解掌握基层一线的实际情况、解决实际问题和创新工作方法，这种方式是获得认可、聚集人心、树立权威最有效的方式。要以积极主动的态度适应不同的工作环境和领导风格，在考核上要公平公正，在执行上要敢抓敢管，在指导上要尽心尽力。

三是在队伍建设上。五根手指握紧才是拳头，打出去才有力，所以团队的力量才是最大的，才能让所有人受益。团队精神的典型代表就是狼群，狼群不仅是团队分工协作最成功的群体，也是锲而不舍、坚定不移的血性代表。在尊重和信任的基础上，减少相互之间的埋怨和猜疑，要识长容短，更要取长补短。

二、个人收获

一是勤思。学而不思则罔，千万不能停滞不前，要根据实际情况，不断有所思考、有所发现、有所创造、有所前进，始终跟上时代节拍，适应时代之变、解答时代之问，让工作更具整体性和前瞻性，更具深刻性和实效性。

二是深思。思考不是头痛医头、脚痛医脚，要从局部看到整体，从偶然找到必然，透过现象看本质，从客观事物中提炼、总结出具有指导意义的思路和经验，要充分发挥主观能动性和自主创造性，不断给工作注入创新和活力。

三是辨思。面对纷繁复杂的事物，要学会比较、辨别，既要见人之所见，更要察人所未察，始终保持清醒的头脑，正确辨别事物的是与非、利与弊、轻与重、急与缓，在交换、比较、反复中不断深化认识、科学判别、精准决策。

四是担当。有多大担当才能干多大事业，尽多大责任才会多大成就，做敢于斗争的"战士"，不做爱惜羽毛的"绅士"。面对矛盾敢于迎难而上，面对危机敢于挺身而出，面对共识敢于承担责任。

五是深入基层。要始终将基层一线作为立足点，将服务客户作为落脚点，迈开双脚到基层去、到客户中去、到实践中去。脚下有泥，脑中才有料。群众是最好的老师，基层是最好的课堂。基层跑遍、跑深、跑透了，我们的本领才会炼就起来。

六是直面问题。要敢于面对问题，注重把解决思想上、能力上、作风上的问题同解决实际工作中的问题结合起来，坚持问题导向和底线思维，分析预判问题，寻找解决方案，破解工作难题，防范化解风险，始终把牢工作的主动权。

七是迎难而上。任何工作都不会一帆风顺，要永葆敢闯敢试、敢为人先的改革精神，摒弃畏难心理，拿出攻坚克难的勇气，敢于啃硬骨头，敢于破除难点，不断开拓创新、勇往直前。

三、下一步的工作思路、方向和重点

一要顺势而为，牢牢把控安全这个基石。安全第一，生命至上。发展绝不能以牺牲人的生命为代价。安全是所有工作的前提，所有工作必须服从服务于安全。在当前形势下，安全的极端重要性不言而喻，我们大家务必要入脑入心、时刻牢记，并切实做到知行合一。

二要乘势而上，紧紧抓住秩序这个平台。坚持早会、周会、月会“三会”制度：早会重周重点工作的日事日毕，特别是协调协同工作的落实；周会重月会安排部署的过程管控，特别是暴露出的问题和困难的解决；月会重短板弱项工作的推进改善，特别是服务指导工作的部署安排。营销业务监控体系逐步向县公司层级进行集约优化，进一步盘活供电所人力资源。

三要应势而动，紧紧围绕效益这个根本。临时用电治理、高损台区治理、低压通道治理等短板薄弱环节需以巩固求发展，电费回收、计量采集等优势强项工作需以发展求巩固。问题找准了，家底摸清了，才能精准需求、精准投资、精准施策，大水漫灌到精准滴灌是投资效益要求，只有建立在摸清家底、找准问题的基础上，才有可能用好钱。

四要凝心聚力，牢牢依靠减负这把钥匙。从目前基层反响较大的会议、培训、报表、系统应用等方面对症下药，从部门、专责、内勤等岗位精准发力，让管理人员在求实、求准、求效上下工夫。进一步规范会议管理，进一步优化培训形式，多开解决问题的会、少开应景造势的会，多办技能培训、少办宣贯学习。进一步拓展技术手段整合和共享资源，少一些手工报表到基层一线、多一些精准工单到基层一线，少一点系统应用到一线员工、多一点综合性且简便的现场 APP 应用到现场。

温室里长不出参天大树，懈怠者干不成宏图伟业。当前公司正处于爬坡过坎、负重前行之际，我们唯有保持头脑清醒、眼光长远、内心坚定，不向困难低头，不为挫折气馁，特别能忍耐、特别能吃苦、特别能战斗，越是艰险越向前，才能越来越成熟，才能越来越强大，才能越来越有战斗力，才能招之即来、来之能战、战之能胜！

强基固本　谋定而动
扎实做好客户服务

2020年年初，国网湖南省电力有限公司、国网衡阳供电公司党委决定在全体员工中开展“转观念、抓作风、强落实”主题活动并部署安排“向配网开战”等重点工作。半年来，国网衡山县供电公司认真推进“转观念、抓作风、强落实”主题活动，努力践行“强基础、优机制、抓重点、提质效”工作思路，以强基固本为重点，以提质增效为动力，以党的建设为引领，统筹推进各项工作。活动开展以来，本人及单位的主要收获是思想不断洗礼、基础不断夯实，业绩不断提升。

一、转观念，突出问题导向

思想决定出路，观念决定行动。通过深刻反思春节保电及安全管理存在的问题，问题不仅仅存在于设备和管理，更深层次的原因是我们的固化观念和习惯思维问题。我们的业绩观、服务观出了偏差，一味追求业绩指标，没有静下思考打基础利长远；片面地认为服务就是做客户工作，而不是努力通过“供好电”来不断满足客户对美好生活的向往；使命感和创新思维不够，缺乏“功成不必在我，建功必定有我”的胸怀和心境；对于工作提前思考不够，以习惯性思维开展工作，甚至有部分干部职工图省事、走捷径。

针对存在的问题，公司以开展“大学习”“大讨论”“大教育”为契机，切实推进转变观念。公司上下一致认识到“强基础”对公司的可持续发展至关重要；“优机制”能全面激发公司发展活力；“抓重点”能突出解决主要矛盾，确保公司平稳发展；“提质效”让我们精益求精，助推公司高质量发展。

二、抓作风，突出责任导向

作风建设既要强调纪律规矩，更要突出责任担当。对于作风问题及党性问题，我们要对照全面从严治党的要求，在作风建设上严格遵守政治纪律和政治规矩。作为党的企业，在思想和行动上必须与党中央保持高度一致，必须严格执行上级党委的决策部署。

工作开展得好坏，业务能力固然重要，更重要的是有无强烈的责任心和担当精神。作为供电企业，我们必须聚焦“供好电、服好务”的主业、主责，努力养成“七分准备、三分作业”“不欠账、不作假”“创造性落实工作”“工作要高效闭环”的四种良好工作习惯。一是工作开展必须强秩序，突出严抓严管。好的管理，是公司整体作风的保障，严格遵循“制度流程、宣贯培训、检查督导、考核问责”的管理四部曲，建立各类管理秩序，推动工作高效闭环。二是领导干部必须带头干，做好率先垂范。打铁还需自身硬，公司班子要深刻认识到领导班子的作风即单位的作风，在各项工作推进过程中必须率先垂范，认真履职。

三、强落实，突出目标导向

“食其食者不毁其器”，电网是电网企业赖以生存和发展的根本，尤其是配网的好坏直接关系到能否供好电、服好务，也关系到能否真正践行“人民电业为人民”的企业宗旨，我们必须建设并运维好配网。

国网湖南省电力有限公司、国网衡阳供电公司党委适时提出“两降一控”的工作目标并宣布“向配网开战”，国网衡山县供电公司坚决落实上级部署，并明确“奋战一百天”，打好集中检修“攻坚战”；提升队伍素质，压实“设备主人制”，常态开展精益运维，确保实现“两降一控”工作目标。一是高效集中检修，为贯彻“向配网开战”的

“效率优先”工作原则，在国网衡阳供电公司的指导和帮助下，践行“七分准备、三分作业”工作要求，由挂点领导带队对高跳线路进行全面巡视，收集问题并形成清单，逐一落实整治方案。2020年3月20日，以沙宋线集中整治为始，打响“向配网开战”第一枪。半年来，累计投入人员2030人次、车辆413台次，完成10千伏沙宋线等13条两高线路集中检修。全量完成登杆检查8375基；新装线路防雷装置1340组，更换老旧破损针式、悬式绝缘子各12600支、690片；新装及更换分段、分支柱上断路器17台；更换老旧隐患跌落式熔断器107组，老旧避雷器124组；更换存在严重隐患的铜铝对接设备线夹、线鼻子2160处；更换“卡脖子”线路14档；完成高低压线路通道治理杆段3350处。虽然集中检修还有很多地方值得总结提升，但取得效果依然明显，集中检修线路2020年故障率同比下降80%，平均故障次数控制在0.77次。二是加强设备运维，以“供好电、服好务”为目标，狠抓输、变、配、低压设备精益化运维。强化35千伏单线单变的运维巡视，常态开展日常缺陷消除，确保年内完成35千伏过载线路、过载主变的隐患整治；严格开展三级巡视，利用标准化巡视卡开展日常巡视、带电检测，重点做好高跳线路的监察性巡视和集中巡视；巩固架空线路通道治理成效，强化电缆通道维护及隐患治理，开展防雷治理等专项工作；加强台区低压通道治理和台区三相不平衡治理。经整治，公司配网线路跳闸率下降58.39%，低压配电设备故障下降56.83%。三是强化配网建设，全力做好“十四五”规划，坚持规划引领配网建设，运检、营销、调控、供指主动参与配网规划工作，重点加强基础数据、电网问题梳理与分析，及时将需立项解决的各类电网问题纳入规划进行统筹安排；针对春节保电问题台区，遵循“先运维、后工程”原则，强化项目优选排序，充分利用好配网应急基建包，快速解决频繁停电、低电压等漠视、侵害群众利益的问题。

近半年来，衡山公司切实把思想行动都统一到“转观念、抓作风、强落实”主题活动和作风建设的工作部署上来，统筹抓好各项重点工作，也取得了一定成绩。公司半年示范县公司业绩指标排名全省 17，同业对标排名全省 24。但与国网衡阳供电公司领导的要求和员工的期盼还有一定差距。我们坚信只要观念转变了、作风严实了、工作落实了，业绩自然就会上去；我们坚信基础打牢了、秩序建立了，功成必在不久时。

严抓队伍管理
筑牢安全基础

安全工作是“转观念、抓作风、强落实”主题活动的一项重要内容，是一切工作的基础。基础不牢，地动山摇。在开展“反违章、控风险、守底线”专项安全行动、“安全生产专项整治三年行动”以及“安全履责筑堡垒，先锋先行保平安”主题系列活动中，国网衡山县供电公司还有许多亟待完善、改进的地方，尤其是“7·20”特别严重违章，更反映了安全整顿迫在眉睫。现结合“转观念、抓作风、强落实”主题活动的要求，就公司当前安全生产工作作如下整理和思考。

一、安全生产工作现状

2020 年 1—7 月全公司共发布作业信息 361 条，安全稽查队共稽查检修、抢修作业现场 361 个，稽查覆盖率为 100%（含微信稽查）。被国网湖南省电力有限公司查处 1 起特别严重违章作业现场，被国网衡阳供电公司查处 2 起严重违章作业现场，其中自查出特别严重违章 3 处，严重违章 4 处，一般违章 4 处。

二、当前安全管理存在的问题

（1）政治站位不高，安全意识淡薄。还存在管理人员对安全工作停留在会议里、笔记中、口头上的多，落实到行动中的少；部分员工安全意识仍然不高，规矩意识不强，学安全工作规程多，用安全工作规程少，存在侥幸心理，对现场违章行为不愿指出、不敢指出。

（2）管理穿透力不强，执行要求走样。部分供电所对市、县公司周例会要求落实不力，周例会、日早会开展不正常，工作安排不细致、不具体。部分管理者对本专业的安全管理要求不清楚，履职能力不够，抓不到点子上，落不到效果中。

（3）安全培训不够，作业人员素质不高。现场作业人员对相关规定不熟，对违章界定不清，未能真正执行生产现场作业“十不干”的要求。部分工作负责人、作业人员素质不高，能开具合格票种的工作负责人不多，能检查现场安全措施是否到位并满足作业要求的把关人员不多，从而导致现场掌控不严、把关虚设。

（4）部门管理粗放，失之于宽、松、软。专业部门对供电所的安全生产管理较粗放，未能全面落实各级安全主体责任，对生产秩序监管不够，对作业现场管控不严，对专业技能指导不多，对隐患排查推进不力；监督部门对现场安全管控情况掌握不到位，对各类违章打击不到位，对安全培训、教育落实不到位，没有真正落实“严抓严管”相关要求。

（5）重视指标提升，放任基础滑坡。一部分人员在各类指标考核中迷失方向，掂不准轻重，不注重安全管理，减少工作环节，不顾人身安全，自认为这样做是为了减少停电，是为了提升指标，是为了减少投诉，而把安全这个关乎公司发展的最大基石动摇了。

（6）党建融合不够，“两个作用”没有充分发挥。党建对安全工作虽有所体现，但缺乏操作性或没有真正落地。党支部对党员廉政和工作指标完成情况强调多，对安全工作措施少，没有充分发挥支部的战斗堡垒作用。党员身边“无违章”工作开展力度不够，一部分党员认识还停留在“保自身安全、保自己无违章”的明哲保身层面，没有站在大局的高度齐心协力大张旗鼓反违章，没有发挥先锋模范作用。

三、根源分析

透过问题看本质，还是队伍问题。还需进一步通过严管促使观念转变，还需进一步通过厚爱促使生机勃发。公司虽整体执行力不弱于其他县公司，但小富即安的小农经济思想、盲目自大的井底之蛙思想、要小聪明的投机思想和故步自封僵化思维还继续存在，这从平时的违章可以看出，从“7·20”特别严重违章更可以看出。正是由于这些思想平时被太平所粉饰，可一旦引爆一个点就可能变成大麻烦。所以，思想和观念没有彻底转变，规矩意识不强，奋斗精神没有完全激发，这是根源所在。

四、下阶段工作措施

（1）强化党建与安全融合。一是通过“转观念、抓作风、强落实”主题活动持续加强队伍管理。以安全反思为切入点，在整个队伍管理上大反思、大整治，清除思想上的沉疴积弊，常态化严抓严管，同时厚爱、关心员工，增强凝聚力，激发员工主动性，激发单位活力。二是充分发挥“两个作用”引领队伍建设。公司党委将安全工作与党建工作同安排同部署，公司党建月度例会、“三会一课”将安全作为重要内容予以落实，坚持主题党日活动学安全、谈安全，使安全生产理念入脑入心。以党建“联学联创”为平台，将“联学联创”内容拓展到安全生产领域。以“党建+”工程为推手，持续深化党员安全示范岗、青年安全监督岗、党员责任区、共产党员服务队建设，继续深化党员身边无违章活动评比和每月通报，党员带头守规矩、带头抓安全、带头反违章，确保党员在安全生产工作中发挥先锋模范作用，确保公司安全生产局面持续稳定。

（2）强化生产秩序。一是严格按照国网湖南省电力有限公司安全工作“四管住、一强化”实施意见，狠抓“三会”落实，要求所有生产班组，尤其是供电所将每天的日早会记录微信上传，通过信息发布和日早会管控每天的现场工作。二是加强生产工作计划性管理。各部门、班组、供电所必须严格执行月、周工作例会制度。三是严控非计划现场作业申请，所有临时抢修、非计划现场作业必须填报“非计划停电审批表”，经相关部门及分管领导签字认可，并向市、县公司领导及安全管控人员进行报备，方可实施。

（3）强化履职尽责。公司各级、各类人员要严格落实国家电网有限公司《安全职责规范》《关于规范领导干部和管理人员生产现场到岗到位工作的意见》和公司各级安全责任清单等要求，全面落实责任。各级人员履责落实情况要做到痕迹化管理。坚决执行“尽职照单免责，失职照单追责”的要求。常态开展安全教育培训，提升全员安全履职水平和安全作业能力。要持续开展党员身边无违章活动，通过党员责任区制度筑牢安全生产的基石。

（4）强化现场管控。切实加强设备属地化的管控和网改、业扩、检修施工现场安全管理，严格管控好现场，落实好现场措施。现场保命措施“停、验、挂”及双保险等措施必须不折不扣执行。培训、打造一支农网改造把关人队伍，实行一人一面、专人负责把关制度，真正做到现场安全把关人与施工队同进同出，凡保命措施不全的施工现场，一律停工整改。现场工作人员应自觉遵章守纪，落实标准化作业、风险辨识与防范、工作前安全培训、站队“三交”、“红马甲”监护、“双票”等一系列安全生产规章制度和措施。

（5）强化外包管理。进一步加强对外包施工队伍管理，首先，建立对施工队项目部纳入供电所统一安全管理的模式，定期对施工队安全管理进行检查；其次，要求各施工队项目经理每天在微信群里汇报人员工作情况，稽查队将根据每天汇报的情况进行核实管控，检查是否存在私自作业，从源头制止不发布作业信息作业的行为。县公司能有效掌握施工队的真实动向，真正充分发挥对施工队伍的安全管理作用，杜绝违章作业的发生。对于多次发生严重违章及以上行为的施工队伍与人员，将采取违章计分管理的模式，严格执行“黑名单”制度，并上报市公司。

（6）强化安全稽查。一是动态抽调安全员充实安全稽查队伍，通过差异化、全天候的稽查，确保生产秩序执行情况、作业信息发布情况、现场作业管控情况、安全履职情况稽查100%到位。二是推行安全稽查质量责任追究制，县公司稽查组未发现问题的、上级部门重复稽查发现新问题的，除追究当事人责任外，还要对稽查人员严厉考核。三是严厉打击各类违章和履职不力，对各类违章分析到位、处罚到位，对履职情况施行红、黄牌预警，对于经常履职不到位、严重失职的人员采取组织措施。

强基固本　锐意进取
强化本质安全发展　全力争创一流业绩

2020年以来，国网衡阳县供电公司坚持以习近平新时代中国特色社会主义思想为指导，牢牢把握稳中求进总基调和高质量发展要求，坚持不懈强基础、优机制、抓重点、提质效，以强基固本为重点，以党的建设为引领，统筹推进安全、电网、经营、服务等各项工作，在强化本质安全发展的同时，高效推进各项重点工作，全力争创一流业绩。

一、清醒认识面临的形势任务

当前，公司紧紧围绕国网湖南省电力有限公司、国网衡阳县供电公司决策部署，全力推进“转观念、抓作风、强落实”主题活动、“两降一控”等五项重点工作，但复杂多变的外部环境和严峻的内部形势，让公司面临安全压力巨大、经营形势不容乐观、工作任务繁重、服务要求高等各种挑战。从外部环境来看，随着电力体制改革步伐的加快，市场意识和竞争能力亟待提升，对市场和客户需求的响应速度、精度和力度有待提升，服务客户的手段和方式仍需完善；从内部管理来看，作风转变任重道远，员工危机忧患意识不强，缺乏以企为家的主人翁精神及争先创优的意识，粗放管理导致的“跑冒滴漏”问题屡禁不止；从电网发展来看，配网装备水平和管理基础薄弱，难以满足全县经济高速发展需求。春节保电期间，国网衡阳县供电公司异常台区占比全市17.84%，过载台区占比全市22.17%，重载台区占比全市20.68%，低电压台区占比全市 6.69%。

“群之所为则事无不成，众之所举则业无不胜。”千难万难，只要重视就不难；大路小路，只要行动就有出路。面对新形势、新要求、新挑战，我作为负责人将带领公司全体员工坚定信心、团结一致、迎难而上，从问题中看到改进提升的突破口，从挑战中把握破解难题的新机遇。

二、强化本质安全发展，确保公司安全生产持续稳定

2020 年 7 月 3—9 日，公司停工整顿学习，深刻吸取“7·2”“5·11”人身伤亡事故惨痛教训，同时更加充分认识到做好安全工作的极端重要性。安全是公司的生命线，是发展之基、立企之本，安全工作就像滚石上山、逆水行舟，容不得半点懈怠。我作为公司负责人必须切实担负起“促一方发展、保一方平安”的政治责任，坚持“安全第一、预防为主、综合治理”方针，带领公司牢固树立安全发展的理念，坚定安全生产“四个最”意识，全面剖析在安全管理方面存在的问题，采取果断有力措施，强化责任落实，坚持严抓严管，严控安全风险，坚决遏制人身事故发生，坚决守住安全底线。

三、坚定信心，迎难而上，凝聚合力争创一流业绩

（一）全面开展“转观念、抓作风、强落实”主题活动，强化党建引领

充分发挥“头雁效应”。公司党委以上率下，带头转观念、抓作风、强落实，在工作中做到“逢会必讲”“逢人必提”，结合会议、调研、深入一线、谈心谈话等契机及时传递上级要求，统一思想、凝聚人心。持续推进“转观念、抓作风、强落实”主题活动。以学习教育、锤炼作风、落实改进等三项重点措施推进主题活动，教育引导全体员工持续转观念，突出主责、主业，履行好为民供电的本职；大力抓作风，认真落实《关于加强公司作风建设的三十六条硬性措施》，切实转变文风、会风，弘扬“严细实”作风。持续严抓党风廉政建设。围绕政治站位、担当作为、执

行落实、工作成效等方面开展监督，对工作中发现的政治意识淡化和不担当、不作为、乱作为以及漠视侵害群众利益等问题严肃追责问责。

（二）以“两降一控”为目标，强化配网精益管理

高效推进向配网开战。深化应用“所所联合”集中检修模式，按照“一停多用”原则，集中开展高跳线路综合治理，截至6月底，已攻坚治理18条高跳线路，全面提升配网供电可靠性。树立“七分运维、三分改造”理念。坚持关口前移和超前防范，全面强化设备的精益运维管理，公司在2020年7月已进入运维新常态。坚决杜绝“以抢代维”。6月底前已完成“一所一册”优化、网格化规划，精细做好整治方案，做到一线一方案、一台区一方案。细化缺陷排查。全面梳理清查各类设备问题1408项，已消缺1123项，其余问题消缺均已列入停电计划。下阶段重点对人工排查困难的线路区段采用“无人机＋带电检测”的方式，为集中整治提供精准定位。全面砍青扫障。集结人员力量强化通道治理，截至6月底，已出动人员4160人次，完成了95%的砍青量。构建联防联控防外破机制。6月份促请政府建立电力设施保护责任网络体系，形成政、企、警三位一体的联防联控工作小组，同时将村委、村组纳入考核，明确职责和任务，加大监督、监管力度及宣传、处理力度，共同做好电力设施保护工作。

（三）聚焦提质增效，保障公司高质量发展

全力推进电网建设。紧紧抓住“新基建”的发展机遇，积极争取国网衡阳县供电公司和衡阳县委县政府的大力支持，精益规划、精准投资，奋力推动衡阳县电网高质量发展。加强电网规划工作。积极与政府沟通汇报，推动电网规划成果纳入衡阳县政府“十四五”发展总体规划和国土空间规划，统筹电网发展问题和需求，确保规划执行落地及成果质量。全面开展反窃查违。截至2020年6月底，累计查处窃电户309户，追补基本电费及违约金91.81万元。大力开展新兴业务。截至6月底已完成11家专变客户智能代运维，同时完成5户售电代理推广及60户充电桩车联网推广。公司加快拓展综合能源业务，主动与政府对接，努力抓住

“新基建”机遇，争取最大政策支持。常态盘活人力资源。制订供服职工回流方案，建立用工规范管理常态机制，优化定员配置，5 月底已完成三种及以上用工方式的混岗部门和班组规范，6 月底前已完成 2 个批次共计 24 名供服职工回流工作，全面营造公平规范的用工秩序。

（四）强化责任担当，坚决完成扶贫攻坚任务

行业扶贫成效显著。完成 51 个省级贫困村电网升级改造和王陂塘集中式光伏接网工程建设；争取 1000 万专项资金，解决低电压问题极其突出的 62 个村的用电质量问题；界牌水电站自供区已于 2018 年 12 月 10 日完成电网改造及负荷切割，正式并入大电网用电；自供区所含的 3 个贫困村已完成电网改造；14 个易地扶贫搬迁工程建设，已全部通电；为贫困村和自供区客户送上了放心电，彻底解决了困扰当地 3 万多群众、10 多家企业的用电难题，为脱贫攻坚构筑了强大的“电力引擎”。

（五）深化资金安全检查，提高经营管理质效

坚持以查促改，高效务实整改。公司结合自查及交叉检查过程中发现的问题，建立销号制度，明确整改期限，推动全面整改。对可以整改的问题立行整改，截至 2020 年 7 月初，已整改销号 32 个问题，退款 23.54 万元。对无法整改问题进行深度分析，查找原因，并制订管控方案在今后进行规范，真正把检查成果转化为促进公司持续健康发展。

“转观念、抓作风、强落实”主题活动是强化党建引领、统筹推进公司全年工作的重要载体，本人作为公司主要负责人，既是领导者、推动者，又是活动的主要参与对象，既要抓自身，又要抓基层，要带头反思“转观念”，真正从思想上认识到问题所在，同时带动全体干部员工进行反思，在公司上下形成抓落实的自觉。

在下阶段工作中，本人将在国网衡阳县供电公司党委的坚强领导下，继续带领公司以时不我待、只争朝夕的精神，凝心聚力，锐意进取，坚决贯彻落实上级公司决策部署，为高效推进各项重点任务，全力争创一流业绩作出新的贡献。

崇尚实干　强化执行
作风和能力建设永远在路上

近段时间以来，国网衡阳县供电公司党委坚决贯彻落实国家电网有限公司、国家湖南省电力有限公司、国网衡阳供电公司决策部署，聚焦“强基础、优机制、抓重点、提质效”的工作思路，积极构建“党委主导、专业主抓、基层主责，上下联动、分级落实、齐抓共管”的工作格局，以“转观念、抓作风、强落实”主题活动为主线，全面落实各项重点工作要求。

一、为什么要“转观念、抓作风、强落实”

作为党领导下的国有企业，我们必须先要认清“我是谁”“为了谁”，才能坚决践行好“人民电业为人民”的企业宗旨。而基层单位在服务电力客户“最后一公里”的执行过程中，仍然存在一些“自身定位不准”“服务职责不清”等问题，主要表现有以下几点：

一是为民服务意识仍有差距。从基层员工面向客户服务的执行情况来看，有个别员工把电力客户当做管理对象，“电老大”思想仍未杜绝；有的员工陋习不改，爱贪“小便宜”，损害群众利益；有的服务意识不强，工作玩忽职守，对群众关切问题不闻不问或关注不够。如春节保电期间，衡阳县仍有 1 台配变连续两年重复停电，5 台配变重复过载，225 个台区重复低电压。可以看出少数员工的服务意识仍然淡薄，特别是在运检、发策等与客户直接接触较少的专业中，在工作安排上没有做到从服务客户的角度来考虑问题。

二是人员履职担当有差异。作风建设关系着方方面面，基层党员和一线员工的工作作风如何、是否认真履职、担当作为成效如何，都关系着企业未来的发展。从当前各项重点工作落实情况来看，公司各部门、供电所仍有少部分员工在工作中不同程度地存在“船到码头车到站”和只求“相安无事”的消极思想，开展工作的方式方法过于保守，力度不够，不能创造性地落实相关工作。例如在2020年5—6月属地服务推广工作起步阶段，各台区经理之间就存在较大差异，短短半个月时间，有的台区经理的微信客户入群率已高达110.97％，有的台区经理的入群率却仅为5.1％，客户入群率、群内互动情况等差异也非常明显。员工工作的责任心与属地服务工作成效有明显关联。

三是人员工作执行力不够。当前落实重点工作过程中，不缺好思路、好方法、好制度，缺的是每一项思路、方法、制度具体执行是否到位。有的问题究其原因，是因为管理人员只管布置工作，不管检查、评估，对基层反馈的问题不分析、不催促整改；基层遇到困难、复杂的问题，不想办法解决，不及时向主管部门反馈报告，不结合实际查勘提出可行的解决建议，只想着推卸责任；有的时候，管理部门之间协同不积极主动，只顾着自身专业指标，一等二靠三推诿，导致问题扩大化。例如衡阳县公司2020年一季度对线路故障就存在未深究的情况，故障停电的10千伏主、支线共计120次，其中跳闸原因不明的达30次，占跳闸总次数的25％。

对于存在的问题，国网衡阳县供电公司均进行了针对性的分析、整改、督促、闭环和考核。二季度以来，相关工作已得到明显改善。在月度工作例会上，几个被点名的落后供电所所长在发言时均表示：排名靠后且被通报考核，不仅面上无光还压力巨大，下一步将知耻而后勇，力争把落下的进度追上去。说明多数基层管理者和员工在思想上已有所触动。

二、如何做好“转观念、抓作风、强落实”

要把基层工作做实、做细，必须要结合“转观念、抓作风、强落实”

主题活动，立足当前，着眼长远，抓好关键环节、破解发展难题。

一是要转变作风服好务。聚焦工作中存在问题和短板，查改并举，开展“三强化”专项整治。强化组织纪律，积极发挥党组织的作用，结合“不作为、慢作为、乱作为”现象，党员和各级管理人员自觉讲政治、顾大局，带头严格约束自己，对上级的决策部署坚决维护并认真贯彻落实，做到令行禁止。强化服务意识，重视思想引领，服务工作理念和要求做到逢会必讲、逢人必提，积极创新服务举措，开展用电宣传，为用户排忧解难，将党建工作与服务工作结合起来。强化制度执行，严格执行公司系统各类工作、学习、考勤等制度，明确各专业制度执行检查、督查、考核部门，结合实际开展督导，对制度落实情况及时通报。

二是要重点整治供好电。全面整治所辖线路的各类安全隐患，在整治过程中大力开展“党建＋”工程，结合党员示范岗、党员责任区等活动，将党建业务与配网隐患整治相结合，充分发挥党建示范引领作用，坚决打赢配网集中整治攻坚战。强化配网带电检测和砍青运维，“地毯式”逐杆巡视拍照，对交跨、电杆倾斜、横担金具受损、接地体、树障等配网安全隐患进行专项排查，对砍青重难点进行集中整治。强化配网高低压巡视管理，梳理排查线路设备和用户侧隐患，完善基础资料并更新配网一次接线图，对发现的安全隐患进行详细记录。强化线路常态化精益运维，全面摸底并建立电网问题清单，限定消缺整改时限，并对后续消缺工作限期整改，闭环管理，尽早发现并消除设备潜在缺陷。

三是要硬核举措压责任。要对工作任务细化分解、层层落实，确定责任人，建立责任制，形成事事有人抓、件件有落实、人人有责任的务实工作体系。强化机制完善，积极推行“六化”（工作项目化、项目目标化、目标清单化、清单时限化、时限考核化、考核奖惩化）工作法，对关键节点、关键环节和重点工作明确奖惩标准，建立健全考核机制。强化基础工作，从基础抓起，深入剖析问题根源，在管理上精简工作链条、优化工作模式、调整工作思路，起到承上启下、瞻前顾后、提前谋划的作用，确保上级的政策要求真正落到实处。强化部门协同。要求管理部门“多想一步”“多做一点”，主动服务基层、主动协同配合、主动担责履责。领导班子和主要部门负责人等管理人员分别挂点一线班组、供电服务站、供电所进行指导、帮扶，为基层排忧解难，解决工作中遇到的实际困难和问题。

四是要为基层减负增效益。通过党建引领，力求尽可能解决基层中存在的“五多”（会议多、检查多、信息多、考核多、材料多）“五少”（问题解决少、疑难指导少、制度解读少、展现机会少、反馈结果少）问题，真正为基层一线着想，创造性地落实各项工作。强化宗旨意识，时刻牢记“为人民服务”的宗旨，积极转变思想，主动担责，主动作为，沉下心来、俯下身来，积极为基层和一线班组着想。强化队伍建设，挖掘典型，严格奖惩，对班组、供电所和员工在服务工作中所做的先进事迹和工作进行大力宣传，对存在的问题和负面问题进行批评和通报，营造比学赶帮超的氛围。强化人文关怀。定期与基层员工谈心谈话，及时了解和解决他们思想上的困惑和工作、生活中的困难，为员工提供才华展示的平台和机会，激发基层员工干事创业的动力。

总而言之，开展“转观念、抓作风、强落实”主题活动，要将党政工团融入中心工作，从根本上解决人员思想问题；要建立标准化台账和流程，从基础上完善生产服务工作台账；要建立监督考核制度，从机制上实施员工奖惩、督促工作闭环落实；要评先推优与通报批评相结合，从氛围上带动员工争先创优的服务热情。下一步，公司将持之以恒，破除思想上的“坚冰”，实现观念上的“突围”，跑出发展“加速度”。

以“进行时”的姿态聚力攻坚

2020年以来，国网常宁市供电公司认真贯彻落实国网湖南省电力有限公司、国网衡阳供电公司党委关于开展“转观念、抓作风、强落实”主题活动相关工作部署，紧紧围绕“强基础、优机制、抓重点、提质效”工作思路，坚持党建引领，深入推进五大重点工作落实落地，进一步将为民意识根植于心，将合规意识固化于制，将履责意识内化于行，将工作落实聚焦于效。

一、践行“转观念、抓作风、强落实”主题活动的主要做法及成效

（1）配网开战有力度。国网常宁市供电公司聚焦全面提升配网建设和运维管理，成立突击队，通过所所联合方式，组织各所精干力量，对高跳的配网线路进行集中停电检修、消缺，全力“向配网开战”。目前已开展集中停电检修线路23条，共消除缺陷4600处，通道治理575处，清理线路树竹障碍17250棵，安装防雷绝缘子1157组，断路器定值调整39台，更换柱式瓷瓶4332组，更换绝缘导线22140米。

（2）提质增效有广度。我们着重思考常规工作以外的创效工作。一是多措并举挖潜增效。面对疫情发生以来电价、电量双降的不利影响，国网常宁市供电公司加强对售电市场的动态分析，深挖企业发展潜力，释放复工复产红利，稳步提高在保障地方发展过程中的售电增量。2020年1—6月累计售电量12.489亿千瓦时，同比增长8.707亿千瓦时；综

合线损率 2.55%，比 2019 年同期值 3.52%下降 0.97 个百分点。在市场增效方面，截至 2020 年 6 月底，电能替代电量完成值 705.54 万千瓦时，完成率 52.38%；查处窃电 221 户，追补电费及违约金 68.49 万元。二是大力推广综合能源服务。公司层面由分管领导亲自带队，每周至少走访两户客户进行业务推广，供电所主任、副主任每周带队开展对存量客户走访工作，综合能源服务占比稳步提升。三是坚决打赢特殊电价整治攻坚战。经过前期与地方政府和相关部门的多次沟通、协调，完成罗桥镇三合村特殊电价整治攻坚，更换特殊电价用户电表 115 户，整治后每年将为国网常宁市供电公司挽回直接经济损失近 60 余万元，困扰公司多年的顽疾得到根除；积极联动政府相关职能部门，通过不断的协调沟通，目前已对松柏村特殊电价台区签订同网同价协议 17 份，“提质增效”成果进一步展现。

（3）助力复工有速度。疫情期间，公司积极响应政府号召，严格落实上级公司相关要求，聚焦“以客户为中心”，全力支持企业复工复产。2020 年 1—6 月防疫期间根据国家政策按原到户电价水平的 95%进行电费结算，惠及 83176 户，累计优惠 266.97 万元，切实做到为企业解忧减负。同时不断优化战疫时期各项供电服务举措，充分发挥“网上国网”APP、“国网湖南电力”微信公众号等渠道优势，推动用电业务“网上办、掌上办、指尖办”，减少客户出门，防控疫情传播。

（4）脱贫攻坚有温度。一是做好脱贫攻坚整改“回头看”工作。公司党委针对常宁市 46 个贫困村开展行业扶贫工作征求意见，对存在部分组改造不彻底和接户线、进户线老化严重等 10 个问题全部闭环整改到位。二是做好光伏扶贫服务。截至 2020 年 4 月底，公司供电范围内已并网运行的光伏扶贫项目用户 2 户，装机容量 2520 千瓦。截至 2020 年 6 月，累计发电量 96.42 万千瓦时，上网电量 96.42 万千瓦时，共计支付上网电费 33.49 万元，支付补助电费 0.18 万元。三是做好扶贫政策落实工作。常宁 13 个易地扶贫安置房 10 千伏配电工程高压工程及低压工程全部竣工，共完成投资 460 多万元，安置户数 648 户，安置人员 1965 人，全部送电到户。在消费扶贫方面，2020 年预计消费扶贫 5 万元，目前共完成消费 4 万元。2020 年一、二季度低保户、五保户优惠已全部退费到位，优惠用户 122267 户，合计退补电费 71.8 万元。

（5）改革发展有进度。一是深化供电服务指挥中心改革。根据国家电网有限公司供电服务指挥平台建设工作和国网湖南省电力有限公司、国网衡阳供电公司深化供电服务指挥中心运营专项行动方案的要求，结合国网常宁市供电公司人员、办公场地、机构设置和管理等现状，将从功能定位、班组设置、人员配置、硬件配置、系统支持、权责划分、流程管理等各方面进行全面优化。此项工作目前正在加紧建设中。二是深化人力资源结构改革。严格按照上级公司定员标准，组织安排公司本部部分供服职工回流至供电所，及时调整更新供电所内部人员结构，确保各所配电业务人员满足需求。加强培训力度，扎实开展"人人过关"培训班 6 期（配电 2 期、外勤人员 4 期），确保配电业务从业人员技术技能满足岗位要求。组织对长期职工、供服职工、外委员工等全口径用工进行疏理，制定了详细的人力资源调整方案并在逐步调整到位。三是深化政企联动，畅通"最后一百米"。公司主动作为，极推进与乡镇府签订农村供电辅助业务委托合同，洋泉、盐湖、西岭供电所已与试点村组签订合同并实质性开展供电辅助业务，共同维护好良好的用电秩序，确保人民群众安全用电。

二、下阶段重点工作及举措

按照稳中求进工作总基调和高质量发展要求，我们将坚持"强基础、优机制、抓重点、提质效"的工作思路，持续推进"转观念、抓作风、强落实"主题活动，以党的建设为引领，下阶段统筹推进经营管理、电网发展、企业效益、队伍素质、脱贫攻坚五个方面实现新提升，优质高效完成全年目标任务，促进公司各项工作新发展。

（1）突出安全生产，确保稳定发展。确保主设备可靠运行。建立、健全缺陷专人负责管理制度，结合线路停电进行消缺。积极准备 35 千伏龙门变电站的集中检修工作，结合 35 千伏官岭变电站 2 号主变增容及 35

千伏胜桥变电站主变的改扩建，进行上述两座变电站的消缺及例行试验。全力做好迎峰度夏工作。扎实开展输、变、配各专业迎峰度夏期间的运维工作，同时做好应急抢修准备，确保安全度汛。加快推进电网建设。紧紧把握湖南电网“四年攻坚”大建设机遇，积极争取建设投资和项目。狠抓项目前期的规划设计工作，切实有效地完成2020年规划项目优选排序及评审工作。严格落实三个项目部在网改建设工程中的安全管理责任，全面提升项目部的安全管理能力，加强现场安全稽查，确保工程项目顺利快速推进。

（2）突出精益化管理，提升服务能力。健全营销服务管理体系。严格执行电价政策，加大混合用电客户电价稽查力度，彻底消灭特殊电价。推进高损台区专项治理，持续开展反窃电联合专项行动，坚持台区员每月降一个高损或精益台区的目标不动摇。优化营商环境，做好业扩服务。推进配网综合管控中心建设，成立配电综合管控中心，实现配网抢修指挥数据中心、用电采集监控、配电PMS系统、农电综合管理系统等基础数据的核查集约、指挥一体化。全力支持政府、乡镇、村、政务服务中心建设落实落地，政企联动开展属地化服务。全面提升农电管理水平。紧盯今年各项工作目标，深入开展“全能型供电所建设”“星级供电所创建”重点工作。按照国网湖南省电力有限公司批复的优化供电所方案，强化供电所管理模式，全力打造“全能型”新型便民服务供电所，持续推进供电所管理提升。

（3）突出党的建设，发挥引领作用。持续推进“转观念、抓作风、强落实”主题活动。加强学习计划管理和分类指导，创新形式和载体，切实增强主题活动实效。持续推进党建工作上台阶。紧扣“转观念、抓作风、强落实”主题，深入开展主题党日活动，坚持开展党建工作健康体检，确保党建工作流程运转更加顺畅，切实深化基层党建考核机制，建立科学的量化评价体系，促进党建整体工作水平进一步提升。持续深化党风廉政建设。把推进党内政治生活和党员教育管理常态化制度化贯穿日常管理中，切实把廉政安全教育摆在重要位置，制订近期和长远的教育措施，坚持不懈地抓好廉政教育。加强形势任务教育，强化纪检监察作用，坚决杜绝发生党风廉政负面事件。

“转观念、抓作风、强落实”主题活动是对公司范围内全体员工的又一次精神洗礼，作为基层单位党政负责人，在深入领会“转观念、抓作风、强落实”主题活动精神基础上，要坚持转字当头，实字当先，效字以求，发扬求真务实、真抓实干的工作作风，做到言必行、行必果、干必成。

一要“自我加压”转观念。对于少数基层员工工作中存在的“浅尝辄止”“坐井观天”等陈旧落后观念，要敢于引导员工自我革新、转变观念、反躬自省，要求各部门、供电所对自身负责的工作业务定计划、下目标、加压力、做总结，不断推动中心业务工作质效出现新突破，取得新成绩。

二要“刀刃向内”抓作风。要切实转变少数基层员工“低效拖拉”“自由散漫”等消极工作作风，要敢于“得罪人”“讲真话”，严格执行国网衡阳供电公司作风建设的相关要求，对违反劳动纪律的行为实施严格的处罚措施。面对工作上的困难和挑战，要克服畏难情绪，迎难而上，奋力进取，推动公司全体员工形成攻坚克难的工作作风。

三要“加快节奏”强落实。对上级部门和单位部署的工作要及时响应，加快节奏，狠抓落实，以“快节奏”的工作状态和超常规的工作力度，严格执行公司“日分析、周通报、月考核”的工作要求，严格要求各班组、部室管控好每一项指标和工作任务，确保年度重点工作逐项落实到位。

“转观念、抓作风、强落实”只有进行时、没有完成时，我们将持之以恒开展主题活动，苦练内功，狠抓队伍建设，凝心聚力、攻坚克难，为夺取 2020 年脱贫攻坚和建优示范县公司而努力！

立足根本 创新发展
将主业主责贯穿工作始终

2020年春节保电以来，国网湖南省电力有限公司提出五项重点工作，究其根本，皆为实现“供好电、服好务”。现结合本人工作开展情况谈如下心得体会。

一、强基础是根本

坚强的设备基础会提升设备的供电可靠性。一是减少线路跳闸。做好设备巡视，发现缺陷、隐患是关键，及时消缺整改是重点。要抓好闭环管理，做好巡视计划，建立缺陷、隐患台账，管控好消缺及隐患治理计划。了解设备本体和运行环境的基本情况，及时发现处理影响安全运行的问题，线路跳闸率自然会降下来。工作重点要放在人为责任性跳闸管控，抓好设备巡视质量。例如：一起树竹碰线事件，前期是否开展了巡视？是否记录此处有树竹类缺陷？若没有，为何没有发现？若有，为何没有及时砍伐？及时发现缺陷并整改到位就能减少一次人为责任性跳闸；二是治理低电压。打通专业壁垒，多专业统筹安排是关键，落实资金来源是重点。国网常宁市供电公司多专业综合考量解决渠道相对容易，但对项目资金落实上处于尴尬局面。如现场低电压的具体情况适合运检专业立项解决，但配电部是否能申请到项目成为了制约。从目前国网常宁市公司低电压现状来看，需网改立项解决的项目远超投资总额，公司网改队伍也承载不了过多的投资项目，发建专业只能按低电压严重程度以及敏感客户分布情况做好网改低电压项目排序，按计划逐步解决。高质量的电能提升客户对用电需求的满意度，实现为客户“供好电”是减少客户投诉的重点工作之一。

强大的员工队伍基础是实现各项指标的根本。一是确保安全生产。“安全是一，其他是零”的思想要让每一位员工入心入脑，安全事故通报要不定期地拿出来复习一下，提醒每一位员工安全事故就在身边，而事故的发生往往就是一瞬间的事儿。安全工作规程也要有针对性地培训学习，从事现场工作的人员要有“反违章、控风险、守底线”理念。在抓好自身安全工作的同时，要同步管控好外人触电事件，有触电风险的区域要做好安全警示。二是抓员工思想。员工思想的转变跟不上各项工作要求的提升是目前基层员工存在的主要矛盾，特别是“客户是上帝”的理念和“我们都是客户的服务员”的思想还没有转变。结合“党建＋”工程，使员工从思想上主动抓好每项工作的落实，特别遇到困难时要克服畏难心理，创造性落实，杜绝“等靠要”的思想是此项工作的重点。抓员工思想工作是“书记工程”，基层书记要做好牵头，一级抓一级，要带领员工认清当前的形势，将各专业的要求分析透彻，为员工指明学习提升的方向，在提要求的同时还要鼓励员工“只要努力，可以实现”。三是提升员工能力。员工的技能水平体现抓落实工作的成效，培训工作的重点是让员工有能力做好所在岗位的本职工作。“设备主人”要提升设备管理能力。要培训“设备主人”不留死角地巡视到位，建立内容既简洁又详细的缺陷、隐患台账，能合理安排好缺陷及时消除和运行隐患及时管控。台区经理要提升客户沟通能力。要培训台区经理与辖区内客户建立起常态联络机制，以服务客户的角度与客户沟通，以客户的角度来思考问题。中层管理人员要提升协调落实工作的能力。中层管理的强力支撑可以使基层单位各项工作高效运转。结合“转观念、抓作风、强落实”主题活动抓好员工的思想工作势在必行。

二、优机制为抓手

合理的考核体系是推动员工落实各项工作的强力措施。会上安排布置的工作，其完成成效不尽理想，但是将工作纳入合理的考核会事半功倍。有奖有罚的考核制度为国网常宁市供电公司抓抢修轨迹正常率工作提供了有力支撑，提醒千遍不如考核一遍。

应急预案的制订迫在眉睫。综合国网常宁市供电公司 2020 年投诉分析，故障抢修时段是客户投诉的高发期，表象原因是台区经理没有将停电信息及时传递给客户知晓，没有及时安抚客户迫切需求用电的心理，其根本原因是故障发生后供电所工作安排上“重抢修、轻服务”。作为供电所主任，在得知配网线路停电后，虽第一时间组织抢修工作，但在匆忙之下，不能及时了解到全部受累停电的台区，也不能无遗漏地安排好相关台区经理对客户用电的告知，这就为客户投诉埋下隐患。供电所要针对故障停电线路制订处置预案，预安排好抢修工作负责人、停电信息收集专员、客户停电告知工作负责人，必要时安排敏感客户走访。要考虑多条线路同时故障时各条线路处置负责人，在承载力不足时向县公司配电部汇报求援。

三、抓重点是方向

合理地安排工作能使工作顺利推进。工作的安排布置发生紊乱会导致主要工作目标成效不佳，抓重点尤为重要。紧急且重要的工作优先重点布置，不紧急但重要的工作要合理安排稳步推进，紧急但不重要的工作视情况、承载力适当安排，不紧急也不重要的工作在承载力充足的情况下完成。按照工作的重要程度，聚焦年度五大专项工作，强化落实各专业部门在专业领域的管理责任，建立常态化机制，把频繁停电问题、向配网开战等工作常态化来抓。对重点工作，由公司分管领导挂帅、各部门、供电所及时响应，加快节奏，狠抓落实，以“快节奏”的工作状态和超常规的工作力度，严格执行“通报、月考核”的工作要求，促进工作质效不断提升。坚持问题导向，持续强化大讨论问题清单整改、开展专项问题大排查、大整改，统筹抓好巡视巡察、审计等各类专项监督检查所发现问题的专项整治，着力补强短板弱项。突出严查重处，强化工作执行力，针对出现工作推动不力、严重滞后的情况，对相关部门、人员进行黄牌预警，限期整改；对各类员工不作为、慵懒散浮现象，采用约谈、绩效考核等形式进行有力整治。

四、提质效为落实

工作布置了，成效重在落实，严格“网格化”管理。细化明确该各部门、供电所和格内员工的具体目标和责任，将指标落实到人，带动职工群众履职尽责、真抓实干。在向配网开战攻坚行动中，强化党组织保障，积极开展党建＋配网攻坚，确保实现增效稳发展。发挥公司 8 支“党建＋配网攻坚”共产党员突击队引领作用，同步推进“配网攻坚”党员责任区、党员示范岗创建。迎峰度夏的关键时候，为最大限度地减少停电时间，提高工作效率，着力保障安全可靠供电，加强停电计划管理，改变以往检修、试验、维护、消缺、清障等逐项停电模式，充分利用每一次停电时间，党员带头超前谋划，提前优化停电计划，整合各类停电需求，部署检修方案，对所停线路的电网设备进行全面检查与维护，整改缺陷，消除隐患，缩短用户停电时间，提高了供电可靠性，提升了工作效率，最大限度减少了电量损失，各党员服务队联合作战开展“一停多检”集中检修作业，为提质增效注入强大动能。全面加强提质增效工作需要聚焦指标短板，结合自身业务落实提质增效，拓展提质增效渠道、量化增收目标、狠抓管理见效，积极营造群策群力、全员参与工作氛围，确保完成年初既定经营目标，推动公司效益水平和发展质量持续稳步提升。

促改革 谋发展
全力实现公司由“大”向“优”

2020年2月27日上午，国网湖南省电力有限公司召开电视电话会议，全面启动“转观念、抓作风、强落实”主题活动。公司董事长深刻分析了当前面临的形势和困难，对“转观念、抓作风、强落实”主题活动进行了部署，强调，要通过开展“转观念、抓作风、强落实”主题活动，教育引导广大干部职工强化政治意识，把思想和行动统一到党中央决策部署上来，以更坚定的信心、更有力的举措、更优良的作风，坚决抓好国家电网有限公司党组和湖南省委、省政府工作要求的贯彻落实，为推动公司和电网高质量发展持续发力、加倍努力、再建新功，推动公司发展再上新台阶。他指出，要紧跟形势，与时俱进转变观念，要牢固树立为民意识，坚守主责、主业，供好电、服好务；要牢固树立合规意识，强化法治企业建设，主动适应外部监管，加大内部巡察审计、各类依法治企检查的力度；要牢固树立履责意识，形成正确的权力观和业绩观，打破各级本部部门之间存在的专业壁垒，强化工作沟通协作。加强专业部门与支撑机构、专业部门与基层单位之间的协同协作，坚决杜绝“我的地盘我做主”的思想。他强调，作风建设永远在路上，要持续发力、久久为功；要从大局着眼，从小处着手，持续保持抓作风建设的力度；要强化《关于加强公司作风建设的三十六条硬性措施》刚性执行，突出领导干部和各级本部抓作风，不断巩固公司风清气正的氛围。坚持问题导向、聚焦重点工作，突出“一贯到底”“马上就办”“督察督办”

“办必办好”抓落实，做到执行政策不走样、执行力度不衰减、执行能力有保证，确保上级的决策部署层层推进。他要求，要把“转观念、抓作风、强落实”主题活动作为强化党建引领，统筹推进公司全年工作的重要载体来抓，坚持抓学习教育，抓作风锤炼，抓整改落实，压紧责任，形成齐抓共管局面；要建立、健全长效机制，确保主题活动取得实效。

2020年2月27日下午，国网衡阳供电公司也召开党委会议，迅速组织深入学习当天上午“转观念、抓作风、强落实”主题活动启动会议精神，对公司开展“转观念、抓作风、强落实”主题活动进行全面研究部署。会议组织与会领导进一步深入学习和解读“转观念、抓作风、强落实”主题活动启动会议精神。会议指出，开展“转观念、抓作风、强落实”主题活动旨在深入学习贯彻习近平新时代中国特色社会主义思想，持续巩固“不忘初心、牢记使命”主题教育成果，进一步深化中央巡视问题整改工作，坚决落实国家电网有限公司党组“五抓”要求，全面贯彻落实国网湖南省电力有限公司党委开展“转观念、抓作风、强落实”主题活动的工作部署。通过主题活动，公司上下要进一步将纪律规矩意识根植于心，将优良作风外化于形，将长效整改固化于制，将工作落实聚焦于效，凝聚起电网大建设、公司大改革、服务大提质的强大合力。

会议强调，开展“转观念、抓作风、强落实”主题活动要突出三个重点：一是持续转观念。教育引导广大干部职工、特别是各级本部干部职工，增强“四个意识”，坚定“四个自信”，做到“两个维护”。转变行政化思维，强化为民意识。践行人民电业为人民的公司宗旨，突出主责、主业，履行好为民供电的本职，自觉服务党和国家工作大局、服务衡阳加快建设最美地级市、服务广大电力客户。牢固树立干事创业、担当作为的价值导向，攻坚克难、勇当先锋、敢打头阵，杜绝畏首畏尾、逃避责任。二是大力抓作风。落实中央“八项规定”精神，做到持久发力，久久为功，领导干部率先垂范，自觉加强党性修养和党性锻炼，修身做人、干事干净。坚持求真务实，不弄虚作假、欺上瞒下，坚决破除形式主义、官僚主义，切实转变文风会风，防止以文件贯彻文件、以会议贯彻会议。弘扬“严细实”作风，坚持标准从严，做到精益求精，注重实绩实效，杜绝作风漂浮、华而不实。三是坚决强落实。突出“一贯到底”，严格贯彻中央精神，精准落实国家电网有限公司党组、国网湖南省电力有限公司党委安排部署以及国网衡阳供电公司党委各项工作措施，确保层层推进，在基层有效落地。突出“马上就办”，即知即行抓落实，切实增强工作时效性。突出“督察督办”，聚焦上级决策部署开展督导，做到件件有落实、事事有回音。突出“办必办好”，做到执行政策不走样、执行力度不衰减、执行能力有保证。

2020 年 3 月 6 日上午，国网衡阳供电公司又召开“转观念、抓作风、强落实”主题活动推进会暨本部作风建设工作电视电话会议。公司总经理出席会议并讲话，从贯彻落实、工作态度、担当作为等九个方面指出了公司作风建设中存在的问题，深刻剖析了问题根源，主要表现在各级本部和领导干部为民意识、合规意识、履责意识存在差距。就“转观念、抓作风、强落实”主题活动落实落地提出三个方面要求。一是“内”转思想，树立大局观念，强化责任意识、服务意识和协同意识。公司各级务必以领导干部为龙头，深入开展以“转观念、抓作风、强落实”为主题的“大学习”“大讨论”“大教育”，统一思想、凝聚共识，切实提高政治站位，自觉把思想和行动统一到公司党委和上级党组织的决策部署上来，做到始终以公司为重、以大局为重，做到权利不争、责任不推，好事不抢、难事不踢。重点强化“功成不必在我，建功必定有我”的责任意识、“以客户为中心”的服务意识、“以我为主、勇于负责、敢于担当；以我为辅、积极配合、甘当人梯”的协同意识。二是“外”优机制，健全硬性条文保障，形成基层重点任务清单、部门服务指导清单。本部各部门要认真学习、深刻领会、不折不扣贯彻落实国网湖南省电力有限公司《关于加强公司作风建设的三十六条硬性措施》，要从提高工作效率、减轻基层负担的角度出发，落实专业管理责任，全面梳理制订基层重点任务清单和部门服务指导清单，以正确的工作指导方法，变粗放式指导为精细化落实。三是以“上”率下，强化党建引领，发挥领导干部和公司本部表率作用，实现基层一线在落实执行、重点工作、真抓实干三个方面有响应。公司各级党组织要把“转观念、抓作风、强落实”主题活动和本部作风建设作为2020年党建工作的重要内容，并结合自身实际具体化；各级领导干部必须以身作则、担当作为，发挥好示范带头作用和人格魅力；各级本部必须进一步加强自身建设，带头贯彻好作风建设的硬性措施；公司广大一线职工必须迅速行动起来，做到上下联动、相互呼应。

通过学习上级公司关于认真开展“转观念、抓作风、强落实”主题活动及会议精神，国网耒阳市供电公司也紧紧围绕“转观念、抓作风、强落实”主题活动、认真开展扶贫攻坚、提质增效专项行动、配网“两降一控”、资金安全大检查等五项重点任务工作，为实现疫情防控和全年目标任务攻坚战“双胜利”，确保各项工作稳中有进、向好发展夯实基础。通过近期开展的五项工作，我个人心得体会如下。

一、众志成城“向配网开战”

配网“两降一控”专项行动成效显著。主要体现在通道治理、树竹碰线故障明显降低，上半年配网线路跳闸较2019年同期下降32.24%。一是完成对106条10千伏配电线路砍青扫障、线路通道、清理台区，累计出动5412人次，砍伐树竹47700棵，完成杆塔34653基。二是用户故障专项治理工作故障次数明显下降，较2019年同期下降43.8%。三是集中整治线路成效明显，对24条线35千伏及10千伏线路进行了整治，故障率同期下降了65.6%，同时经受住了近一个月的雷雨强风恶劣天气的考验。四是发挥带电作业班优势，减少停电时户数约29500时户，开展带电作业332次，多供电量约105万千瓦时。

二、动真碰硬扎实完成资金安全检查

全面完成了2017—2019年期间资金使用情况检查。完成上报省公司问题61个，上报市公司及自查问题190个，交叉检查发现问题18个，完成问题退款金额 71.34 万元。

三、精心谋划打好提质增效组合拳

线损持续下降。完成台区累计线损 4.44%，较 2019 年年末下降 0.55 个百分点。持续开展反窃查违。累计追补电量 212.5 万千瓦时，补收电费及违约金 128.73 万元，查处窃电户 433 户，共刑拘 1 人。持续推进低压通道治理工作与春节低电压台区小修小改项目申报工作。目前纳入营销口径的台区总数为 43 个，共计项目资金 130 余万元。持续优化营商环境。疫情期间电价和基本电费政策出台后，积极向政府汇报，节约客户用电成本 555.08 万元，为客户减免基本电费 13.34 万元，“三零”服务客户 2090 户，节约客户办电成本 98 万元，创建业扩配套项目 15 个，节省客户办电成本 298 万元，实现办电线上应用率 100%。

四、坚持扶贫攻坚规定动作不打折

选派骨干开展驻村帮扶工作，落实“六个一”活动，走访、慰问贫困户、送温暖，宣传扶贫帮扶政策，开展“党建＋扶贫”联学联创主题活动和庆祝建党 99 周年活动，开展消费扶贫，并鼓励广大职工积极参与，采购扶贫农副产品共计 2.67 万元。对耒阳 34 个贫困村走访，在已完成贫困村改造 4798 万元基础上，增加安排农网改造资金 301.73 万元。完成 5 个光伏扶贫工程投资 28.71 万元，光伏扶贫并网发电量 17.58 万千瓦时，上网电费 7.91 万元全部到位。

五、下一步重点

一是持续转观念。教育、引导广大干部职工增强“四个意识”，坚定“四个自信”，做到“两个维护”。转变行政化思维，强化为民意识。践行人民电业为人民的公司宗旨，突出主责、主业，履行好为民供电的本职，自觉服务党和国家工作大局、服务当地经济建设、服务广大电力客户。强化各部门、各专业职能，主动服务基层一线，杜绝简单粗暴的指令性管理方式。克服越线惯性思维，强化合规意识。严守政治纪律和政治规矩，做到心中有戒、行有所止，不越纪律底线；严守国家法律法规，牢固树立办事问法观念，不碰法律红线；严格按照规章制度标准办事，杜绝搞变通、打折扣、做选择；主动适应内外部监管，以敬畏之心，行合规之举。破除本位主义，强化履责意识。牢固树立正确的权力观、业绩观，打破领地意识，正视权力范畴，正确处理部门与部门之间、部门与班组之间、部门与供电所之间的关系。牢固树立干事创业、担当作为的价值导向，攻坚克难、勇当先锋、敢打头阵，杜绝畏首畏尾、逃避责任。

二是大力抓作风。落实中央“八项规定”精神，做到持久发力，久久为功，领导干部率先垂范，自觉加强党性修养和党性锻炼，修身做人、干事干净。坚持求真务实，不弄虚作假、欺上瞒下，坚决破除形式主义、官僚主义，切实转变文风会风，防止以文件贯彻文件、以会议贯彻会议，不搞“盆景式”“走秀式”调研。弘扬“严细实”作风，坚持标准从严，做到精益求精，注重实绩实效，杜绝作风漂浮、华而不实。

三是坚决强落实。突出“一贯到底”，严格贯彻中央精神，精准落实国家电网有限公司党组、国网湖南省电力有限公司党委、国网衡阳供电公司党委安排部署以及国网耒阳供电公司党委各项工作措施，确保层层推进，在基层有效落地。突出“马上就办”，即知即行抓落实，切实增强工作时效性。突出“督察督办”，聚焦上级决策部署开展督导，做到件件有落实、事事有回音。突出“办必办好”，做到执行政策不走样、执行力度不衰减、执行能力有保证。

总之，通过学习，国网耒阳市供电公司全体干部职工将继续认真贯彻落实上级公司党委各项决策部署，全力以赴推动“转观念、抓作风、强落实”主题活动、扶贫攻坚、提质增效专项行动、配网“两降一控”、资金安全大检查等五项重点工作开展。扎实开展安全生产专项整治三年行动，全面落实各级安全生产主体责任，全力做好春节保电准备工作。深化改革，积极推进“两耒”高度融合，实现耒阳由“大”向“强”、由“大”向“优”的县级供电企业转变。

踵事增华 卓力奋发 自上而下推进“转观念、抓作风、强落实”

自2020年3月份国网湖南省电力有限公司系统内开展“转观念、抓作风、强落实”主题活动以来，国网耒阳供电公司党委坚决贯彻落实上级公司各项工作要求，结合春节保电工作失职失责教训，先后在各级领导干部和各支部党员中开展了“为民情怀”“履职尽责、安全生产”和“遵规守纪”三个主题的反思，列明了自身在本岗位中的问题清单，制定了改进措施和方案，在普通员工中营造出主题活动氛围，强化履职尽责、强化责任落实的各项工作要求。总体来说，通过主题活动的开展，公司全体员工思想、作风和行动上都有了一些改变，现结合自身工作谈谈自己的一些心得和体会。

一、观念的转换是一切工作开展的前提

电力企业是传统行业，央企的地位、多年来的世界五百强名声让全体员工自身存在很强的优越感，久而久之，“不思进取”的习惯性和“贵族”作风十分明显。在岗不在状态、岗位技能差的人员大有人在，结果是事情做不好，工资照样拿，劳动效率很低。出现这种情况的根源是因为国企垄断思维已经在他们的脑海里根深蒂固，总认为天然的垄断市场让他们不会丢掉这份待遇不错的工作。

在“转观念、抓作风、强落实”主题活动中，严抓严管是改变这种思维最有效的措施。春节保供电的失职对相关人员的严肃追责便是个例

子，国网耒阳供电公司因此受处分和经济处罚的人员达到近 50 人，让“供好电、服好务”“人民电业为人民”的服务宗旨在广大员工中有了很强的触动。在“两降一控”工作中，对跳闸次数较多的供电所主任和设备主任进行约谈和较大数额的经济处罚方式也在不断教育和惊醒部分冥顽不灵的员工，让大家围着“多供电”“服好务”的主导思路为企业的提质增效和优质服务贡献力量。同时，在严抓严管的氛围下，大家的行动自觉有了一定的改观，但从思想根源还没有完全深入，下一步必须结合各级领导挂点供电所的各类会议反复强调“转观念”的重要性，这部分思想根源工作是目前我们较为艰难的工作，必须从国家、企业和基层各个层面进行讲解，让大家认识到“工资是挣出来的”的基本观点。

二、作风建设关系到整个工作质效的提升

好的观念需要迅速、扎实、有效的作风去强力推进。上级单位的工作部署绝对不能停留在会议上、纸面上，必须由各层级员工雷厉风行地执行。以往的做法就是开开会，做做原则的要求，强调的是结果导向，而对基层班组怎么实施、实施的步骤、实施的方式方法却缺乏具体指导，也就是重结果、轻过程，往往从上到下就会出现大家都在忙，忙些什么、怎么忙都不清楚的现象，表面、表层、表象情况较多，效果不好，到最后都是在推脱、忙交差、忙补火，管理成本很高，“折腾”的情况较多，上下都是“怨声载道”，这就是作风不扎实的具体表现。

“转观念、抓作风、强落实”主题活动开展以来，在作风建设上有了较大的方式、方法的改变，周例会开得越来越具体，很多小规模的碰头商议会解决了很多“怎么办”的问题，问题具体到了分管领导、部门和员工，大家有计划按部就班地实施，事情有了方向和责任主体，过程有了管控，工作的推动顺畅了很多，大家干着干着也有了很强的方向感、责任感和荣誉感。最难得的是，公司党委中心组学习的方式也有了很大的变化，从平时的照搬、照学文件变成了针对文件的核心谈具体问题的执行，将“人民电业为人民”的服务宗旨深入到业务工作的各方面，文

件的理解深了，业务工作也结合党建中心进行了探讨，大家发言也更多、更实际了，以往两个小时枯燥的理论学习通过跟党建工作的结合也变得越来越“有味道”了，“实际且有效”，我想这也是作风建设的核心。

三、强有力的落地、落实才是怎么做好带队伍的核心

观念问题和作风问题如果比照成种果树过程的挖坑、育苗、施肥的话，那“强落实”就是果树生长过程中的不断培育过程。培育的过程很枯燥、很艰辛，也会有很多的风险，我们广大员工的工作职责就是作为一名培育的园丁。再好的政策、再好的目标、再好的决策和方法，没有强有力的执行，一切就是一场空。

抓好落实就是要大家明白“怎么干”。通过观念的转变和作风的加强，我们强调的是“将文言文转变成白话文，将白话文转变成耒阳话”。国网耒阳供电公司的执行主体主要集中在广大农村供电所，很多员工的文化素质差，有的甚至不懂计算机，研读文件的水平较低，对文件的理解不够、易在实际执行中出现偏差，对此，通过“配网人人过关”的办法解决并提高了较多人员的技能问题，尽量通过简单易行的工作方式让他们知道怎么去干。例如：现在推行的抢修轨迹应用和钉钉走访应用，通过讲解和手把手培训，他们虽然之前不懂这项工作的意义，但在执行过程中发现这样确实提高了对用户的了解，同时也明白了公司层面加大工作实时监控的意义，整个工作从派单、启用软件、闭环软件到最后的评价考核有了一个全流程的闭环，他们自身的劳动效率得到了极大的提升，同时公司层面的管理难度也越来越小、管理成本越来越低，这些工作得到了基层的落实，投诉风险得到了控制，各项管理的规范性和指标值也上来了。

稳步推进五项重点工作以来，国网耒阳供电公司以“转观念、抓作风、强落实”主题活动为抓手，各项工作的开展氛围、工作规范性日益提升，历史遗留的问题和短板陆续进行整改和规范，取得了一点成绩，但在整体推进上还存在参差不齐的情况，“头疼医头、脚痛医脚”的情况

还不同程度存在，“抓不到重心”“理不清命脉”“思想统一不到一起来”等现象时有发生。尤其是几大工作的交叉面同步开展时出现“手忙脚乱”的情况，随着工作的持续推进，各项工作的关系也在不断理顺和理清。对此国网耒阳供电公司一定按照上级公司要求，强基础、优机制、抓重点、提质效，转观念、抓作风、强落实，坚决不折不扣完成上级公司重点工作任务，为建成中国特色国际领先能源互联网企业贡献力量。

焚膏继晷守底线 兀兀穷年保安全

根据国网衡阳供电公司党委要求，本人围绕“强基础、优机制、抓重点、提质效”工作思路，紧密结合国网湖南省电力有限公司“转观念、抓作风、强落实”主题活动、配网“两降一控”、提质增效专项行动、资金安全大检查、扶贫攻坚和“反违章、控风险、守底线”主题安全活动等重点工作要求，进行了认真的学习思考和深入调研，主要心得体会如下。

一、转观念，是践行“人民电业为人民”企业宗旨的根本前提

2020年是我国决战全面小康、完成“十三五”规划最为关键的一年。面对突如其来的新冠肺炎疫情影响和更加严峻复杂的国内外经济形势，以习近平同志为核心的党中央作出了扎实做好“六稳”工作、全面落实“六保”任务的重大部署。作为电网企业，我们应当转变观念，坚持以客户为中心，聚焦供好电、服好务的主业、主责，努力践行“人民电业为人民”服务宗旨。

2020年以来，国网祁东县供电公司全面落实上级公司“向配网开战”工作部署，配网“两降一控”全力推进。截至7月31日，通过完成26条线路集中检修工作，加强设备巡视消缺，砍青扫障碍等一系列措施，10千伏线路累计故障停运118条次，故障率9.06次/(百公里·年)，同比下降38.7%，频繁停电问题明显改善，提升了客户的用电体验。下

一步国网祁东供电公司将全面落实配网运维新常态要求，加大春节保电问题整改力度，打赢2021年春节保电保卫战。

二、抓作风，是推动公司持续健康发展的坚强保障

作风建设永远在路上，永远没有休止符，唯有高度重视作风问题，坚持不懈狠抓作风建设，才能推动公司持续健康发展。

抓作风，首先要建制度、立规矩。第十九届中央纪委第四次全体会议强调，要坚持用制度管人、管权、管事，强化监督制约和制度执行。要整风肃纪，就必须对各项工作建立明确的管理制度，每一位员工都要树立遵规守纪意识，做到依法合规办事，用规章制度规范自己的一言一行。2020年的资金安全大检查工作中，国网祁东供电公司针对排查出的历年农网改造工程项目的车辆租赁、装卸费、营销专业的广告宣传、印刷费用使用不规范等问题，目前已制定差旅费、广告印刷费等费用使用管理制度，整顿虚假报账、资金未批先用等不良作风，确保资金使用合法、合规。

抓作风，重点是优机制、提质效。长久以来，公司部分管理人员工作靠惯性，做事凭经验，对待工作任务只有转发传达，没有具体思考和跟踪督办；基层员工面对问题、困难习惯推脱，找客观原因；部门协同合作意识不够，“领地”意识过强，站位不高。要想改进上述作风问题，提升工作质效，就必须进一步优化落实责任机制、工作机制、考核机制。一是行文明确10千伏配电线路运维责任归属和台区经理履职尽责条例，落实工作职责，营造认真务实的工作作风。二是创新周例会模式，将专业例会和管理例会分行并进，让会议更加务实、议程更加精简、主题更加鲜明。提倡多开业务培训会，少讲鼓劲动员会，注重会后工作落实，实现从“务虚”到“务实”的重心转移，提升工作实际效果。三是针对公司重点工作出台了《供电所绩效管理办法》《配网线路跳闸考核实施细则》，修订了《优质服务考核实施方案》，以一系列管理考核方案指导督促干部员工提升工作质效。

抓作风，关键在硬措施、严考核。要整顿作风，作风问题起于毫末、积于微，要从大局着眼，从小处着手，持续保持抓作风建设的力度。要对“不作为、不想为、不愿为”的现象加大问责、追责、监管，硬性措施不可或缺，严厉的考核必不可少。国网祁东供电公司将严格落实国网湖南省电力有限公司《关于加强公司作风建设的三十六条硬性措施》，对于作风问题，当场批评制止，问题严重的要追究责任，决不听之任之。通过与不良作风坚决斗争，不断巩固公司风清气正的氛围。

三、强落实，是做好一切工作的关键环节

一分部署，九分落实。只有将各项工作要求真正落实到位了，“转观念、抓作风、强落实”主题活动才能落到实处，才能出效益，出效果。

强落实，要突出一贯到底。政策制订在上级，落实在基层，要认真组织各层级学习领会上级精神，及时组织政策的宣讲和培训，将上级公司主题活动精神、党委班子讲话情况、重点工作要求及时传达到基层班组、供电所，防止政策不出门、执行力层层衰减，工作未落实。

强落实，要讲究高效闭环。“高效闭环”是国网衡阳供电公司 2020 年提出的一项重要的工作理念，对待工作思路、重点部署、具体要求等，要建立目标导向制，明确时间表，并具体到专业、落实到岗位、指定到个人。对定下来的工作，要聚焦、聚神、聚力，一抓到底、善始善终、善作善成、高效闭环，积极营造“凡事有交代、件件有着落、事事有回音”的良好氛围。

强落实，要坚持督查督办。要想工作能闭环落地，公司各级管理人员就要对上级公司党委各项部署穿透执行情况及重点工作开展情况进行督查、督办，实行全过程跟踪管理。“转观念、抓作风、强落实”主题活动开展以来，国网祁东供电公司由领导带队，通过“四不两直”、明察暗访等督查方式针对配网运维工作开展情况及台区属地服务落实情况进行现场督查，深入查找问题，对开展不力的班组、供电所通报考核，督促立行整改。

经过近半年时间“转观念、抓作风、强落实”主题活动的深入开展，公司干部员工观念得到较大转变，作风得到了较大改进，各项重点工作稳步推进，公司将在上级公司党委的坚强领导下，勤勉务实、笃定前行，为实现建设具有中国特色国际领先的能源互联网企业的战略目标贡献祁东力量。

把握“四个继续”将服务带到客户心间

“转观念、抓作风、强落实”主题活动开展以来，国网祁东县供电公司上下深入开展大学习、大讨论、大教育，领导班子成员围绕“为民服务、履职担当、遵规守纪”开展自查。总体上看，国网祁东县供电公司广大党员思想认识不断提升，干事创业的氛围日渐浓厚。但是，在供电服务投诉管控工作上，国网祁东县供电公司的百万客户投诉量半年度指标非常落后，排名全省第89位，同业对标处于E段，比全省最优值高出78.51次/百万户。

“供好电、服好务”是我们的天职和主责。作为分管服务的负责人，我感到深深自责。因为在“转观念、抓作风、强落实”主题活动持续推进，国网祁东供电公司的重点工作不断提升的良好态势下，公司在供电服务投诉管控上的“弊病”却没有及时找出病根，没有及时对症下药，没有得到有效改观。

在对每一件投诉的调查核实中，我发现：投诉客户绝大部分不知道台区经理的联系电话和总经理热线，这说明我们属地服务推广的覆盖面只做到“偏居一隅”，台区经理“表面应付”“被动服务”的工作作风是普遍存在的沉疴顽瘴。同时，客户表示属地服务的快捷与优质没有让他们获得感知，反而让客户体会到“只有拨打95598反映诉求才能更高效快捷地解决”，所以，公司服务战地前沿的第一道关卡已不攻自破。

在对基层供电所的调研检查中，我发现：部分管理者缺乏政治站位、缺乏思想观念、缺乏工作作风。他们不愿意尽最大的努力去防范“万一”的发生，明知辖区内的个别线路、台区存在低电压和故障频停方面的投诉风险，但却不予重视，不积极主动开展日常运维、小修小改、业扩配套等渠道提前整治，而只是一味地坐等农网改造项目，存在“一劳永逸”的假幻想。

在对供电服务专业的日常管理中，我发现：公司优质服务专责整天忙于投诉调查跟回复，扮演着“救火队员”的角色；远端坐席忙于业务与工单督办的“传话”，扮演着“复读机”的角色。供电服务指挥中心监控、指挥、调度等专业的协调作用完全未能发挥，指标短板分析在前、问题缺陷解决在前、服务风险报备在前的中心功能完全未能彰显。

“转观念、抓作风、强落实”主题活动落实落地方面有三个要求：一是“内”转思想，树立大局观念，强化“功成不必在我，建功必定有我”的责任意识、“以客户为中心”的服务意识、“以我为主、勇于负责、敢于担当；以我为辅、积极配合、甘当人梯”的协同意识。二是“外”优机制，从提高工作效率、减轻基层负担的角度出发，落实专业管理责任，以正确的工作指导方法，变粗放式指导为精细化落实。三是以“上”率下，强化党建引领，发挥领导干部表率作用，实现基层一线在落实执行、重点工作、真抓实干三个方面有响应。

按照“转观念、抓作风、强落实”主题活动的指导思想，结合国网祁东县供电公司在供电服务投诉管控工作上的被动局面，7 月，公司组织召开了投诉管控反思推进会，会上分析总结存在的主要问题还是为民服务观念仍未深化，属地服务通道不畅，设备升级亟待推进，服务考核管理不严。

2020 年下半年，国网祁东县供电公司围绕供电服务投诉管控工作，将清醒认识、摆正站位，不断将设备精益运维、客户走访、网改升级等手段结合利用起来，筑牢投诉风险防控基础。一是转变思维、摆脱惯性，深化为民情怀，换位思考客户所求、所想、所感，真正“供好电、服好务”。二是分析源头、查摆问题，认真反思典型服务投诉案例，从人员、管理、设备等多方面查找原因和困难。三是做强、做实供电服务专业，组建业务素质强、责任心强的党员成立临时党支部，加强服务数据监控分析，充分用好“智慧大脑”平台，做到发现问题有人跟踪、有人督办、有人闭环。四是合理安排检修计划，做强“带电作业”方式，采取少停电举措有效防范供电质量类投诉发生。五是切实发挥各供电所党支部引领作用，形成上下贯通、层层衔接、责任具体、环环相扣的“责任链条”，做到有布置、有落实、有督促、有检查，有效传导压力，激发工作动力。六是加大属地服务宣传力度，拓展客户微信群，通过主动建群、协调入群等方式，尽可能加入人数较多的社区、物业、村组群，及时在微信群中发布停电信息、抢修进度、用电政策等信息和图片，将优质服务主动延伸至客户前端。七是针对低电压及频停台区，专业管理部门要优化整治方案，缩减项目链条，针对项目资金受限的问题，考虑从多经渠道解决实际问题，力争问题整治在 1 个月内。八是通过考核问责这把“利剑”，严处不履职尽责、不全心全意为民解决用电问题的职工。

我个人将结合“转观念、抓作风、强落实”主题活动，努力培养“七分准备，三分作业”“不欠账、不作假”“创造性落实工作”“工作高效闭环”的良好习惯；切实采取有效措施，确保各项工作有序推进；严格遵循“制度流程、宣贯培训、检查督导、考核问责”四部曲管理方式，勇于担当、敢于破局，在思想上大洗礼、在作风上大转变、在行动上大改观，切实发挥领导干部表率作用。工作中突出“稳”，即忙而不乱、紧而有序；突出“准”，即优化人财物配置，把好钢用在刀刃上；突出“快”，即不等不靠，在公司要求的基础上创造性地开展工作。

2020 年下半年，国网祁东县供电公司将保持力度不减、标准不降，高质量推动“转观念、抓作风、强落实”主题活动。继续统一思想认识，把“转观念、抓作风、强落实”作为永恒课题常抓不懈、久久为功。继续突出重点对象抓推进，转观念督导管理者、抓作风聚焦管理者、抓落实考核管理者，督促重点对象既抓自己，又抓部门、班组、供电所，全面推动完成全年目标任务。继续围绕五项重点工作、安全大检查和优质服务工作，强化思想斗争，推动《关于加强公司作风建设的三十六条硬性措施》落实落地。继续夯实基层基础，理顺工作机制，补短板、固根本、利长远，有计划、有步骤地解决实际问题，着力破解制约公司改革发展难题。用担当聚人、用服务聚心、用协同聚力，在精神上和思想上再造一个全新的团队，为建设具有中国特色国际领先的能源互联网企业贡献祁东力量!

让“转观念、抓作风、强落实”主题活动成为发展的动力源

通过近几个月的“转观念、抓作风、强落实”主题活动的学习，现结合国网南岳区供电公司工作实际谈谈我的几点体会。

一、明确转什么、抓什么、强什么

持续转观念。国家电网有限公司的企业宗旨是“人民电业为人民”，我们就应该聚焦中心任务，立足主责、主业，全力供好电、服好务，树立正确导向，提高执行效率，提升服务质量，牢固树立“以客户为中心”的服务意识，打通与用电客户的“最后一百米”。大力抓作风。“中央八项规定”既不是最高标准，更不是最终目的，只是我们改进作风的第一步，国网湖南省电力有限公司适时下发了《关于加强公司作风建设的三十六条硬性措施》，更是为我们改进作风指明了方向，我们必须认认真真抓住，持之以恒抓，咬牙做下去。坚决强落实。“一贯到底”“马上就办”“督察督办”“办必办好”，谨记这16字真言，就能把工作真正落到实处。“转观念、抓作风、强落实”主题活动像一盏明灯为我们引路，当我们明白了自己要转什么、抓什么、强什么，就能找准结合点、瞄准着力点，才能做到事半功倍。

二、如何“强落实”

如果说转观念是前提条件，抓作风是基础保障，那强落实便是重点

核心。如何将主题活动与我们的配网“两降一控”、提质增效专项行动、脱贫攻坚、资金安全大检查、“反违章、控风险、守底线”等重点工作有机融合，务实推进，是强落实的关键所在和检验成效的唯一方法。国网南岳区供电公司要深刻认识到现阶段经营上面临的挑战，为改善公司经营理念，开拓思路，落实责任，结合“转观念、抓作风、强落实”主题活动，全面开展各项工作。

一是要严肃严格，开展安全生产专项整治。安全生产是底线工作，公司上下要始终将安全视为第一要务，深入贯彻落实安全生产专项整治三年行动部署，坚决守住安全生产“生命线”，牢固树立“四个最”意识，全面落实“四管住、一强化”工作要求，推进公司安全管理迈上新台阶，全面适应运维新常态。

二是要举措有力，全面“向配网开战”。公司目前已经牢固树立问题导向，精益求精，进入“战时状态”，全力推进配网“两降一控”专项行动。接下来要持续加大整治配网顽疾的力度，高速、高质完成高跳线路10千伏西岳线专项综合整治，扎实开展外破线路严重的10千伏南农线红星支线的用电秩序整治行动，以及核心景区内主供电源西明AB线的全线改造工程。同时加强迎峰夏度期间负荷监控、设备运维、停电计划管控，并做好各项应急预案，保障电网稳定运行。

三是要主动作为，强化供电优质服务。国网南岳区供电公司干部员工要不断更新思想观念、进一步提高认知水平，坚持“用户思维、合作共赢”的理念，充分利用好南岳衡山5A景区的特殊地理优势，主动服务，加强与客户的交流、沟通，重点加大电动汽车销售和充电桩等新兴业务的宣传推广力度，全力打造南岳亮点、南岳特色。

四是要严防死守，牢固树立底线思维。认真落实国家电网有限公司安全生产专项整治三年行动部署，大力弘扬“用心尽责、共享平安”安全文化，强化红线意识和底线思维，以最强的决心、最实的举措、最大的力度确保安全生产，牢牢守住安全底线；深刻领会把握全面从严治党新要求，进一步深化依法从严治企，持之以恒落实“八项规定”，守住党风廉政建设底线；严格遵守资金使用条例，对已发生的资金问题整改到位、问责到位，杜绝今后工作中出现同类问题，守住资金安全底线。

夯基础　守底线　担责任
彰显国网“责任央企”形象

国家电网有限公司是关系国民经济命脉和国家能源安全的特大型中央企业，经营区域覆盖26个省（自治区、直辖市），供电服务人口超过11亿人，资产总额3.8万亿元，地位重要，责任重大。作为国家电网有限公司基层单位的一名管理者，我认为要夯实基础，守住底线，勇担责任，才能彰显国家电网有限公司“责任央企”的形象。结合“转观念、抓作风、强落实”主题活动在公司内部不断深入开展，我个人主要得出了以下几点心得体会。

一、夯实电网、人员、数据三大基础

一是夯实电网基础。作为供电公司而言，电网是企业的立身之本、服务之基。要从源头开始，科学规划，精准设计，高质量改造，精心运行和维护好电网，确保电网安全、坚强、可靠。

二是夯实人员基础。人力资源是企业最宝贵的资源。我们要加强对员工的思想教育和技能培训，使之忠诚企业，执行力强；要畅通员工晋升的通道，让员工有奔头，工作更有积极性；要根据企业发展需要和客户需求，科学、合理设置机构和岗位，实行竞聘上岗、双向选择，使“人岗匹配”，人力资源作用得到最大限度的发挥。

三是夯实数据基础。数据在当今信息社会是一种非常宝贵的资源。供电企业的数据包括电网设备数据和用电客户数据，一方面要准确采集、收集好基础数据和原始数据；另一方面要对电网运行和企业经营过程中产生的新的数据妥善保存和完善。

二、守住安全、服务、廉洁三条底线

一要守住安全底线。安全是供电企业一切工作的基础。要建立、健全安全责任体系，强化各级、各类人员的安全意识和提高员工的安全履责能力；要严格管控安全生产秩序，确保生产任务和施工现场可控、在控、能控；要加强设备运维，整治安全隐患，提高设备健康水平。

二要守住服务底线。服务是供电企业的生命线。要加强对员工的教育培训，提高员工的服务意识和服务技能、沟通技巧；要完善客户服务平台，畅通与客户的沟通渠道，及时响应客户需求和诉求；要加强对员工服务行为的监控，严厉打击违反供电服务规定的行为。

三要守住廉洁底线。要加强对员工的廉洁教育和提醒，使其知晓“红线”所在；要完善管理制度和工作流程，从源头上防控廉洁风险，使员工不能“腐”；要严厉查处不廉洁的行为，使员工不敢“腐”。

三、担起政治、社会、经济三个责任

一是担起政治责任。我们必须牢固树立“四个意识”，服从党的领导，一切听从党的安排。像抗疫期间无条件保障国家抗疫用电，并为工商企业减免电费；抗洪期间无条件保障灾区抗洪用电和用电安全等，都是国家电网担当政治责任的表现。

二是担起社会责任。电力是一个特殊的行业，是国民经济的基础，与老百姓的生活息息相关。正是这个特殊性决定了我们在经营企业时不单要注重经济效益，更要注重社会效益。如加强用电宣传，指导客户安全、科学、节约用电；推广电能替代，引导客户使用清洁能源，促进环境保护；积极参与精准扶贫工作，促进贫困地区和贫困人口生活水平不断提高等。

三是担起经济责任。国家电网有限公司的本质属性是企业，管理者必须保证国有资产保值增值。要严格控制成本，开源节流；要从各个方面提质增效，向内挖掘企业潜力；要积极开展新兴业务，大力拓展综合能源市场，为公司培育新的效益增长点。

抓紧抓实重点工作　落实落地质效提升

2020年，国网衡东县供电公司开局就遭遇了春节保电的困境，也是我到公司不到一个月时间，公司领导班子和我个人都被组织约谈。正当我在思索如何带领公司走出低谷，做到“东山再起”之时，国网衡阳供电公司“两会”提出“强基础、优机制、抓重点、强落实”主题活动，紧接着国网湖南省电力有限公司部署开展“转观念、抓作风、强落实”主题活动以及扶贫攻坚、配网“两降一控”、提质增效专项行动、资金安全大检查、“反违章、控风险、守底线”主题安全活动等重点工作，这就是我们的行动指南。转眼在国网衡东供电公司工作已有7个多月，我熟悉了公司的情况，发现了公司的工作特色和不足之处，我整治顽疾，提振士气，扎实推进重点工作，强基固本，实现公司平稳有序发展。

开展“转观念、抓作风、强落实”主题活动就是要查找观念、作风和落实方面存在的问题、差距和短板，刀刃向内，向作风顽疾亮剑，认真查摆反思，切实转变作风，提高执行力、锤炼战斗力。扎实开展主题党日活动，围绕“为民服务”“履职担当”“遵规守纪”等专题教育引导党员职工聚集主业、主责履行好为民供电本职。强化意识形态和工作作风建设，狠抓会风会纪和劳动纪律，出台了《会风会纪“十条负面清单”》《微信工作群管理“十条硬性措施”》《关于进一步加强劳动纪律考勤的通知》等文件，对违反会议纪律人员进行了经济处罚并通报处理。通过身边人和事，以正反两方面典型为镜子教育、引导员工，举办“转观念、抓作风、强落实”主题活动分享会暨青年职工座谈会、“转观念、抓作风、强落实”主题活动案例大讨论暨“炉航线”专屏专线事件反思会，通报批评工作履职不到位 5 人，对“向配网开战”中不认真履职的新塘供电所生产副主任给予免职处理。

安全生产是一切工作的基础和前提，国网衡东县供电公司结合“转观念、抓作风、强落实”主题活动和“安全生产月”活动，全员发动、认真反思、深入查摆、狠抓整改，采取针对性措施防范和化解各类安全风险，大力推进“反违章、控风险、守底线”主题安全活动，坚决守牢安全生产红线、底线、高压线。一是铁面无私反违章。深入自查自纠，将事故和违章扼杀在萌芽状态，保障现场作业安全。对国网湖南省电力有限公司查处“7·11”严重违章事件进行了深刻反省和分析，免去了杨林供电所主任与生产副主任。二是不遗余力控风险。强化人身、电网、设备和信息安全风险防控，加强生产、基建、网改、业扩等作业管控，牢牢抓住现场“三种人”安全履职。三是持之以恒守底线。统筹部署项目时序，不赶工期、禁连轴转，各类作业实现“五到位”（现场勘察到位、方案编制到位、工前准备到位、站队三交到位、遵章守纪到位），守住安全“生命线”。

坚强配网是“供好电、服好务”的根本保障，向配网开战就是快、准、稳直击配网痛点，聚集国网衡东县供电公司最核心的配网供电能力问题，将人力、物力、时间用在“刀刃”上，通过“快速响应、精准投资、稳扎稳打”，实现对线路设备运行情况“心中有数”、对服务跟进“调度有序”、对线路痛点“靶向治疗”三大目标，提升配网运维水平和建设质效。国网衡东县供电公司大胆寻求和尝试新的检修工作模式，制定“向配网开战”工作方案、决心书、作战示意图、作战表，领导班子和管理人员挂点供电所每条高跳线路，制定“一线一方案”，举全公司之力逐线稳步开展集中检修工作，完成 31 条高跳线路中 21 条的检修工作，跳闸率下降 27%。开展输配电线路砍青扫障通道治理工作，与县政府、林业公安分局建立良好合作关系，出动 4100 多人次，砍伐输配电线路共

107条，砍伐树竹共56000多棵。坚决贯彻“七分运维，三分作业”的原则，积极开展设备运维巡视和测温测负荷工作，严格排查缺陷隐患，发现隐患及时消除，杜绝“以抢代维”现象发生。

提质增效就是要紧扣“量、价、费、损、利润”等关键指标，向优质服务要效益、向业务创新要效益、向精益管理要效益，确保公司经营管理提升。主动与工业园区对接，积极引导园区企业集中批量报装，提高办电时效，力促企业早日投产用电，促成12家企业办理用电申报。优化办电流程，简化办电手续，方便客户用电。疫情期间多渠道公开办电信息，强化业扩全流程管控。为提升服务水平，公司纪委针对“炉航线”事件约谈业扩关键岗位人员，对工作履职不到位的通报批评5人，其中经济处罚3人。开展反窃查违“百日攻坚”专项行动，拿出专项资金设立反窃先锋、最优线损、红雁风采等奖项。出动反窃查违队伍568次，共计2392人次，查处窃电户327户，追回电量81.85万千瓦时，追补电费及违约金51.39万元，极大打击了窃电分子的嚣张气焰，营造了良好的供用电秩序。

站在讲政治、顾大局的高度统筹抓好行业扶贫、驻村扶贫等工作。完成全县33个贫困村电网改造成效评估，针对贫困村农网改造存在的问题向相关的村组收集意见和建议37条，形成问题清单，发现存在问题台区15个，全部纳入整改计划，并以“6·30”为时间节点，开展集中攻坚行动，解决贫困村存在的低电压、频繁停电等相关问题，实现贫困村农网改造达标提质。走访驻村帮扶草市镇田心村的贫困户，摸排贫困户的生产生活、外出务工情况，开展节日慰问，在扶贫点栽种果树891株。为防止脱贫贫困户再次返贫，减轻未脱贫贫困户的脱贫压力，公司向上级公司申报25万元扶贫资金项目，向田心村对口捐赠家禽养殖项目、村委会修缮项目，并帮助村支两委注册成立养殖合作社，促进村内集体经济发展。开展“爱心订购”扶贫活动，助力贫困户创收增收，公司利用工会节日发放、食堂采购、职工走访购买等多重方式来带动消费扶贫工作的开展，累计完成消费扶贫13.7万元。

明确方向　务求实效

根据上级的安排部署，从 2020 年 3 月起，在全公司内开展“转观念、抓作风、强落实”主题活动，该主题活动是强化党建引领、统筹推进公司全年工作的重要载体。我作为公司的党委负责人，既是领导者、推动者，又是活动的主要参与对象，既要抓自身，又要抓基层，把这次主题活动作为全年党建工作的重中之重，团结和带领广大员工，振奋精神，攻坚克难，为推动公司高质量发展提供政治保障。

一、统一思想，提高认识

认真开展“大学习”“大讨论”活动，公司党委中心组集体学习研讨每月一次，公司党委及党支部围绕“为民服务”“履职担当”“遵规守纪”等专题扎实开展主题党日活动，我带头反思“转观念”，真正从思想上认识到问题所在。公司邀请党校专家进行扩大学习两次，教育引导党员干部职工聚集主业、主责履行好为民供电本职。拟定公司《会风会纪“十条负面清单”》《微信工作群管理“十条硬性措施”》《关于进一步加强劳动纪律考勤的通知》等文件，不断强化公司意识形态和工作作风建设。举办“转观念、抓作风、强落实”主题活动分享会暨青年职工座谈会和“转观念、抓作风、强落实”主题活动典型案例大讨论暨“炉航线”专屏专线事件反思会，以正反两方面典型为镜子，通过身边的人和事，教育引导党员干部职工转观念、抓作风、强落实。通过作风整顿，牢固树立真心为民、团结协作、务实高效率的干部形象。实干就是水平，落实就是能力。真抓实干，一件一件地抓，抓一件成一件。

二、明确方向，落实行动

作为基层党委书记，我通过这次学习，从思想上把“转观念、抓作风、强落实”当做一种责任，在实际工作中树立起“转观念、抓作风、强落实”的观念。任何一项工作都是抓落实的结果，没有落实，再完善的制度也是一纸空文，再理想的目标也不会实现，再正确的决策也不会发挥其应有的作用。实现“党建搭台、业务唱戏”，以党建引领业务开展，制定《公司党委关于强化党建引领，全面推动“三降”工作落实落地工作实施方案》，通过“党建＋两降一控”“党建＋提质增效”“党建＋扶贫攻坚”“党建＋资金安全”“党建＋优质服务”等一批“党建＋”工程成为推进重点工作落实落地的有效载体。开展“党建＋扶贫攻坚”工程中，党委领导班子带头走访全县33个贫困村，收集相关村组关于贫困村农网改造存在的意见和建议37条，形成问题清单，开展集中攻坚行动，解决贫困村存在的低电压、频繁停电等相关问题，实现贫困村农网改造达标提质。在“党建＋两降一控”中，公司党委对春节保电停电事件从管理、设备、运维等方面作了深刻分析反思，制定了公司“向配网开战”决心书、作战示意图、作战表，制定“一线一方案”，逐线稳步开展好集中检修工作。

三、对照要求，务求实效

通过学习，本人认真查找自己工作中存在的差距如下：工作目标层层分解不细，工作压力未有效传递一线员工；在人力资源盘活方面，人力资源诊断分析不实、不细，人员盘活方案制订操作性不强，存在为了盘活而盘活的现象，或存在人岗不一致、线上线下“两张皮”的变通性操作；扶贫工作机制协同、督办机制不健全；对基层供电所的诉求处理不及时或有时候在上级没有政策支持的情况下进行推诿；对有的遗留问题，不敢动真碰硬，勇于担当，解决矛盾，斗争精神不强；对干部职工的工作、生活困难和客户诉求，有时因工作繁忙，导致问题解决滞后。查找问题的同时，我主动对症下药，并制订缩短差距、解决问题的办法、措施并落到实处。通过对照检查，我感到自己存在理论学习不深入、工作作风不扎实、缺乏开拓创新意识等问题。作为一名干部一定要深刻领会“转观念、抓作风、强落实”主题活动的重要意义和内涵，用重点工作成效检验活动成果，使得公司员工思想观念转变、作风形象优化、落实执行得到加强，圆满完成全年各项重点工作。

细梳问题查漏补缺　严明纪律改革攻坚

2020年年初以来，国网湖南省电力有限公司、国网衡阳供电公司部署开展了配网"两降一控"专项行动，"向配网开战"全面打响。本人作为国网耒阳市电力公司党政负责人，深感责任重大。由于公司从地方电网进入国网，电网基础十分薄弱，运维管理水平低下，配网问题较多。"向配网开战"就是要坚决向思想弊病、管理短板、作风顽疾和设备问题开战。半年多来，国网耒阳市电力公司认真落实上级工作部署，各项工作积极推进。结合"转观念、抓作风、强落实"主题活动，我得出了以下几点感悟。

一、工作取得进步，树立了信心

2019年公司进入国网以后，针对配网故障跳闸频繁、抢修疲于应付的实际情况，提出了化被动抢修为主动运维的工作要求，开展了"降跳闸"专项行动。2020年针对上级公司提出的"向配网开战"工作部署，公司进一步乘势而上，配网"两降一控"各项措施全面落实，工作取得明显进步。2019年全年10千伏配网跳闸105条次，较2018年减少41%；2020年上半年10千伏配网跳闸33条次，同比下降32.7%；电缆分支箱烧坏、配变故障停运等突出问题得到明显改善，尤其2020年春节保电期间，电网没有发生停电事件，没有发生用户投诉，圆满完成了进入国网后的首次春节保电目标任务。这些工作上的进步既是向配网开战所取得的成效，也进一步坚定了“两降一控”工作的信心。

二、措施得到落实，积累了经验

回顾半年多来的工作，我们的主要经验有三个方面。

七分运维强基础。一是严格落实国网衡阳供电公司通道治理相关要求，常态开展架空线路通道治理，推进全线通道式砍青，全年累计完成砍伐各类树木 9896 棵，全年没有发生线树矛盾引发的线路跳闸。二是全面通过红外测温技术手段，对所有设备开展至少一轮红外测温。针对重过载线路、关键设备进行多轮跟踪检测，全年发现缺陷 56 次，并及时落实了缺陷闭环处理，有效地降低了故障跳闸。三是强化配变负荷管理，针对重过载及三相负荷不平衡配变及时落实负荷调整，加强了配变定期巡视，突出解决了配变缺油问题，配变故障停运大幅减少。

三分项目出成效。2019 年以来，国网耒阳市电力公司共完成公用电网基建投资 1.9075 亿元，共计完成 11 个普通村的电网改造升级工作，农网户均容量由“十二五”期末的 1.52 千伏安/户提升至 2019 年年末的 2.35 千伏安/户。城配网完成配变布点 59 台，城区配变重过载及低电压问题得到大幅改善。随着耒阳东西部 110 千伏电网优化工程及 5 座 110 千伏变电站升级改造逐步完成，各变电站将具备双回路或多回路供电，全面提升了耒阳电网供电可靠性和供电能力。

责任落实是关键。要培养“视设备如孩子”的管理情怀，为此要解决两方面问题：一是谁的孩子，即责任落实问题；二是怎样对待孩子，即工作要求和标准。结合上级要求和公司实际情况，公司不断落实以“设备主人制”为主体的设备管理责任体系，明确“设备主人”三项主要任务，即开展定期巡视，确保城网线路、电缆通道和环网类设备每月巡视 1 次，农网线路及设备每季度巡视 1 次，实时掌握设备运行状态。参与设备检修施工现场操作把关，参与设备改造方案规划。并将设备主人工作情况纳入考核，配套完善了相关责任考核方案。

三、问题逐渐清晰，明确了方向

配网问题依然较多。一是老旧线路较多。35千伏灶田线投运达30年以上，投运20年以上10千伏线路16条，占比40%。加之2008年冰灾遗留的一些问题没有解决，线路问题较多。二是电缆问题突出。10千伏配电线路大多为铝芯电缆，且大部分为直埋方式，电缆路径走向不清、电缆标桩标示牌缺失；电缆运行环境差、载荷能力低、容易遭受外力破坏等。尤其高温季节故障频发，故障查找和抢修难度大，时间长。三是配网结构薄弱。城区电缆线路大部分采用对接箱，少部分为分支箱，对接箱和分支箱不具备保护和分段功能，一旦发生故障，就会引起全线停电，造成停电范围较大。

运维管理仍未到位。一是基础管理没有到位，在大数据平台、PMS2.0等系统上线后，公司部分人员对系统应用不熟悉，系统中仍有部分数据与现场不一致，对于已经上线的数据，没有充分利用平台内已有的数据分析来指导各项生产工作的开展，仍然停留在以往的老旧管理方式。二是新技术应用没有到位，在新技术手段应用方面还比较滞后，2020年6月12日完成了首次带电作业，带电作业次数较少；带电检测等手段没有应用；加之传统检修方式有时准备不足，因检修增加了停电频次。三是用户安全管理没有到位，因用户原因产生的配网跳闸占比达40%左右，需要进一步加强用户安全用电服务，争取政府加强安全用电监管。

结合以上实际问题，下阶段“两降一控”工作重点如下。

一是精准投资，统筹项目规划。认真做好十四五规划，优化完善城配网网格化及供电所一所一册规划，按轻重缓急确定项目排序，优先解决重过载线路、配变问题，优先解决线路结构薄弱问题，优先解决主干电缆问题等。

二是精细运维，严格责任落实。进一步压实“设备主人制”，常态开展设备巡查，及时掌握设备运行状态。有针对性地完成红外测温检测不少于 800 台次，箱式设备暂态地电压检测不少于 100 台次；继续开展架空线路通道治理，做好砍青扫障工作；在 10 月之前力争完成青麓变 12 回电缆沟治理工作。强化用户故障出门专项整治，严控用户故障出门引起的配网跳闸。

三是精益管理，优化检修方式。对于线路的检修方式，坚持能带不停原则，积极协同供电公司做实带电作业。同时，积极落实“七分准备、三分作业”工作要求，对每一次检修及时会商优化方案，做好充分准备，确保检修工作安全高效，减少停电时间，避免次生停电。

四是精准图数治理，加强系统应用。按照上级公司关于系统应用和数据治理工作要求，结合本单位实际情况，采取外围厂家和本单位人员联合办公方式，全面深化配网大数据平台、PMS 等系统应用，进一步提高运检基础数据质量，推动运检精益化管理水平持续提升，力争达到系统指导实际工作和减轻工作负担效果。

夯实管理　推动“一县两公司”并轨进程

国网衡阳供电公司2020年开展的“转观念、抓作风、强落实”主题活动是2019年开展的“不忘初心、牢记使命”主题活动的延伸，是强化党建引领、统筹推进公司全年工作的重要载体。通过该项主题活动，激发了广大干部职工干事创业的内生力与工作激情，转变“以我为中心”“以小团体为中心”的本位主义思想观念，牢固树立“以客户为中心”的理念，狠抓作风建设，重点整治“慵懒散”“敷衍推诿”及“不求干好、只求干了”的应付式工作作风，强化落实，坚持“一贯到底”“马上就办”“办必办好”的工作要求，狠抓“不服务、不落实、不担当、不协作、不规矩”等突出问题整治，使得公司各项工作得到明显提升，安全生产保持平稳，经营绩效明显改善。下面就几项重点工作推进落实情况谈点体会。

一、疫情防控工作

2020年1月份公司全力以赴开展春节保供电工作，并取得较好成效，2月初进入疫情防控阶段，开始时存在工作落实不到位、统计上报不及时等情况，公司马上组织对综合办正副主任约谈，并对综合办全体人员进行约谈，就转变观念、抓工作作风、抓落实强化执行力等方面进行了布置与要求，从而推动公司疫情防控等工作有序开展，圆满完成国网湖南省电力有限公司、国网衡阳供电公司“双控为零”的目标。

二、电费回收工作

从2019年7月份切换到新营销系统以来，到2020年2月份，因电费红线指标管控不严，工作要求不高，使得电费欠费居高不下，连续八个月未按要求实现电费月度清零目标，并被国网衡阳供电公司多次督办约谈，公司3月份开始加强领导，严抓严管，开展奋战五十天、实现电费大清零专项行动，建立电费日报、领导挂点帮扶制度，落实责任，严格考核，基本实现了2019年7月至2020年2月电费欠费清零，形成了电费清缴良性机制，在疫情不能停电催费与集抄改造等不利因素影响的情况下，依然取得了较好效果。

三、供电服务及投诉管控

2019年是进入国网的第一个完整年。公司供电服务体系未完全建立，只是把原属地电话接线任务合并到耒阳供电公司供电指挥中心，劳务外聘4个人，未能有效融合履职，造成公司投诉管控不到位，客户响应不及时，责任不明确，扯皮推诿时有发生，4月10日被国网衡阳供电公司约谈督办，公司以“转观念、抓作风、强落实”主题活动为切入点，深刻反思，立即召开专题扩大会，成立供电服务管理领导小组、工作组，压实责任，宣贯学习上级公司相关制度与方案规定等，构建公司管理考核方案，理顺了响应机制，在2020年电网改造任务重、计划停电多的情况下，依然得到了改善与提高。

四、当前存在的主要问题

因公司进入国网不久，管理基础薄弱，专业人员及专责缺乏，各专业管理系统与平台不熟悉，使得部分工作难到位，效率低下。一是设备台账及网络图，包括线路、台区归属，设备台账及异常数据治理，设备与线路标牌编号等工作缓慢；二是“两降一控”、主动运维及源头治理等任重道远。

从上述几项工作情况来看，我们应该以“转观念、抓作风、强落实”主题活动为契机，紧盯资金安全大检查、提质增效专项行动、配网“两降一控”安全生产等重点工作任务，严格按照国网湖南省电力有限公司党委工作要求，一定要持之以恒，持续推动主题活动深入开展；一定要和中心工作、重点工作结合起来；一定要用重点工作成效来检验活动成果；一定要坚决杜绝各种形式主义的做法，确保主题活动取得最大成效。

一是转观念，要加强学习，以客户需求为导向，找准差距，转变思想观念与服务态度，要牢固树立安全第一、客户是衣食父母、设备视同孩子、七分准备三分作业的理念。

二是抓作风，敢于担当，以问题为导向，严谨细致，靠前指挥，重点难点工作要亲力亲为，一抓到底。

三是强落实，强落实是关键，突出目标导问，积极主动，坚持马上办、立即行动，过程有跟踪检查，结果有闭环考核，持续提升管理穿透力和基层执行力。

总之，“转观念、抓作风、强落实”工作永远在路上，没有最好，只有更好，今后我将更加努力工作，不向困难退半步，奋为公司添精彩。

从“严”上要求　向“实”处着力

2020年以来，国网衡阳供电公司认真贯彻落实国网湖南省电力有限公司决策部署，以“全力建设一流能源互联网供电公司”为目标，围绕“强基础、优机制、抓重点、提质效”的工作思路，统筹推进“转观念、抓作风、强落实”主题活动、扶贫攻坚、提质增效专项行动、配网“两降一控”、资金安全大检查等五项重点工作，为推进公司高质量发展提供坚强保证。

一、五项重点工作相辅相成、相互促进

五项重点工作是从公司发展现实需要中得出来的，是从职工群众的热切期待中得出来的，也是为推动解决公司面临的突出矛盾和问题中提出来的。这些工作目标清晰、任务明确、措施具体。

提质增效是企业改革发展的永恒目标，是公司服务于地方经济社会发展的需要，服务于建设富饶美丽幸福新湖南提供坚强电力支撑的需要。扶贫攻坚是为决胜全面建成小康社会贡献国网力量的重要工作；是培育深厚的为民情怀，践行好“人民电业为人民”企业宗旨，坚决树立责任央企形象的重要工作。这两项工作是目标和使命。“转观念、抓作风、强落实”主题活动、向配网开战、资金安全大检查是三项重点举措，为公司提质增效和圆满完成扶贫攻坚任务提供重要保障。“转观念、抓作风、强落实”主题活动是国网湖南省电力有限公司积极应对复杂形势，在党

员干部中牢固树立为民意识、牢固树立合规意识、牢固树立履责意识，推动公司发展再上新台阶的重大决策，将凝聚起干事创业强大合力；向配网开战围绕降低10千伏线路故障率、降低配变停运率、严控配变平均停电时长的“两降一控”工作目标，从健全完善体制机制入手，通过进入“战时状态”，统筹安排、集中攻坚整治一批高跳线路、台区，补强供电服务的“最后一百米”；资金安全大检查进一步防范资金使用风险，堵塞资金管理漏洞，严肃财经纪律，是落实依法治企的具体措施，将确保企业生产经营有序运行。这五项重点工作相辅相成、相互促进、相得益彰，对推进公司全面发展、全面进步将起到重要作用。

二、统筹推进需要真抓实干、埋头苦干

“打铁必须自身硬”，五项重点工作，每一项都任务艰巨、使命光荣，能否高质量完成，关键在人，关键在党员干部队伍作风。“转观念、抓作风、强落实”主题活动推进会暨本部作风建设工作会上指出，“转观念、抓作风、强落实”主题活动和作风建设是一场触及思想、触及灵魂的观念革命，是一项艰巨而又长期的系统工程。作风建设永远在路上，永远没有休止符，必须抓常、抓细、抓长，持续努力、久久为功。作风问题本质上是党性问题，是党性不强、党性不纯问题，形式主义、官僚主义同党的优良作风是水火不相容的。要把力戒形式主义、官僚主义作为加强作风建设的重要任务，不断增强干事创业的积极性、主动性、创造性。

目前，五项重点工作已进入攻坚阶段，但部分党员干部松劲懈怠，滋生消极应付情绪，把五项重点工作当作一般性的工作来安排，思想认识不到位，责任落实不到位。出现了工作重点转移、投入力度下降、干部精力分散的现象，形式主义、官僚主义依然存在。解决好这些问题，广大党员干部需从“严”上要求、向“实”处着力。

一是强化使命担当。必须牢牢把握坚持党的领导、加强党的建设这一国有企业的“根”和“魂”。强化党组织的战斗堡垒作用，充分发挥党建攻坚突击队、党员示范岗等的示范作用，关键时刻能站得出来、冲得

上去。要以“咬定青山不放松”的决心，坚持以问题为导向，狠下绣花工夫，拿出过硬本领，全面完成五项重点工作的既定目标。要有“越是艰险越向前”的韧劲，步步为营地推动工作，不得松口气、歇歇脚，必须始终保持那么一股子劲，乘胜追击，不获全胜决不收兵。

二是建立责任机制。要发挥“关键少数”的作用、形成“头雁效应”，把五项重点工作作为“一把手”工程，形成“主要领导亲自抓、负总责，分管领导具体抓、负主责，部门领导带头抓、负全责”的齐抓共管大格局。以“关键少数”示范带动“绝大多数”，做到一贯到底、落实落地。

三是建立激励机制。高质量完成五项重点工作，需要一大批“闯将”“尖兵”冲锋陷阵。要坚持严管与厚爱结合、激励和约束并重，对在基层一线作风过硬、重大关头和关键时刻挺身而出、干出成绩的干部员工及时予以表彰，注意培养使用。

四是深化监督考核。用好监督考核“指挥棒”，是压实责任确保五项重点工作高质量完成的关键环节。要坚持工作安排部署到哪里，监督考核就快速跟进到哪里，盯住关键要害、聚焦突出问题、靶向定点监督，紧盯重点领域、重点环节和重点岗位，特别是要看作风是否严实、过程是否扎实、结果是否真实。

万众一心加油干，越是艰险越向前。圆满完成五项重点工作容不得半点形式主义、官僚主义。我们要坚定必胜信心，主动担当、积极作为，把更多时间和精力放在抓落实上，一步一步去推进、一个一个问题去解决，为推动公司发展再上新台阶而努力奋斗！

纵深推进“转观念、抓作风、强落实”做优省管产业单位

面对国家电网有限公司提出建设“具有中国特色国际领先的能源互联网企业”，国网湖南省电力有限公司、国网衡阳供电公司大力开展“转观念、抓作风、强落实”主题活动的新形势，本人认为对全体干部员工转变思想观念、纠正不良作风、上下振奋精神、坚定信心、凝聚力量、狠抓落实、统一行动，具有十分重要和深远的意义。通过学习研讨、查改问题、建章立制结合起来，切实解决干部职工思想、作风、执行等问题，为公司继续发展提供坚强的思想保障。下面我从三个方面谈谈自己的体会。

一、统一思想，提高认识

思想观念影响作风，思想观念决定执行力，观念一变天地宽。作为干部，一是要强化危机意识，需要清醒地认识到产业单位面临巨大的竞争压力和严峻的发展形势，以警醒的态度奋进工作；二是要提升创新意识，面对挑战和困难，要敢于冲破传统思维模式，更要坚定不移按照上级公司确定的工作思路，做到执行决策部署不打折扣，推动工作进展步调一致；三是要增强责任意识，不断增强大局意识，把心思用在干事创业上，以旺盛的斗志和饱满的激情推进工作，努力实现湖南雁能建设集团有限公司高质量发展目标。

二、明确方向，落实行动

围绕上级公司确立的“强基础、优机制、抓重点、提质效”的工作

思路，立足配网“两降一控”、提质增效专项行动、资金安全大检查、扶贫攻坚、“反违章、控风险、守底线”主题安全活动等全局重点工作，抓好在雁能集团的落实执行或做好主业单位、职能部门的坚强支撑。围绕上级公司对产业单位提出的新要求，确立雁能集团的发展改革方向。一方面充分认识省管产业单位改革发展形势，深刻认识集团发展存在的短板。另一方面进一步明确集团发展定位，一是在功能定位上聚焦支撑主业；二是在市场竞争上聚焦服务提质；三是在未来发展上聚焦新兴业务。

在董事长的指挥安排下，扎实做好集团各项重点工作，一是坚决推进薪酬绩效改革攻坚；二是持续抓好安全生产；三是全面狠抓经营质效；四是规范客户工程管理；五是健全内控合规机制。

三、突出重点，务求实效

强落实是“转观念、抓作风、强落实”主题活动的目的和意义所在，也是检验干部工作能力的重要标尺。抓落实，就是要把做事的落脚点放到办实事、求实效上，通过开展“转观念、抓作风、强落实”主题活动，重点把全部心思集中到抓落实上，让抓落实成为工作常态。就我而言就是要立足自身岗位，对照2020年工作目标，尽心、尽力、尽责做好自身工作任务。一要雷厉风行抓落实，无论何时何地，面对领导布置的任务都要高标准、严要求、快节奏、重实效推进；二要动真碰硬抓落实，面对矛盾不回避、遇到问题不后退，直面问题、解决问题，并开动脑筋总结经验，确保工作落实；三要锲而不舍抓落实，对照目标任务，一步一个脚印把工作推向前进，争取每年干几件小事，几年干成一件大事。

省管产业单位改革发展事关省市公司工作大局，意义重大、责任重大。我们要坚决贯彻上级公司党组决策部署，锐意改革攻坚，大力开拓创新，推动集团高质量发展。

强化基层党建　打造发展优势

根据上级“转观念、抓作风、强落实”主题教育活动的开展，支部每月利用党员大会、主题党日活动契机，全体党员干部认真和系统学习了有关文件和领导讲话精神。在学习整顿中，我严格按照活动要求认真学习有关文件，积极寻找过去工作中存在的不足和差距，边学边改，在思想上得到了进一步提高，纪律观念得到了进一步增强。开展这项活动就是要通过学习提高、查找问题、整改落实、强化监督等措施。

一、存在问题

（1）对照国网湖南省电力有限公司党委巡察发现问题清单，湖南雁能集团电建分公司严格按照清单进行了自查。对2017年至2019年期间资金使用情况组织开展检查，自查过程中发现，员工存在差旅费重复报销、车辆检测费多报等情况。

（2）支部党建的活力不足，缺少创新。“三会一课”的学习内容和形式比较单一，党员服务队活动开展较少、党支部主题党日等党的组织活动缺少新意和吸引力。

（3）支部督促检查落实有所松懈，党员学习流于形式，在党的理论学习和业务知识学习上往往浅尝辄止，思考不多、总结不够。

二、存在问题原因及整改措施

（1）此次资金使用情况的自查，体现出对资金控制的重要性认识不够、审核把控不严谨等问题。为使“转观念、抓作风、强落实”主题活动不走过程，真正达到发现问题、解决问题的目的，对问题清单进行深入分析，确立了工作目标，针对存在问题，落实责任。为避免重复情况发生，公司建立全员出差台账，建立车辆使用费用台账，严格费用报销审批制度。进一步落实“一岗双责”和履职尽职，在落实“一岗双责”上真正把党风廉政建设作为自己的“责任田”和“分内事”。

（2）基层党建工作创新与中心工作结合紧密度不够，针对以往党建工作“两张皮”问题，为有效融合党建与业务工作，结合当前开展的“转观念、抓作风、强落实”主题活动，公司特成立配网设计质量提升管理工作组，制定“转观念、抓作风、强落实”主题活动暨“向配网开战”年度作战表，并写下决心书；支部与耒阳新市供电所党支部开展“联学联创”，把握“融入中心、服务大局、统筹兼顾、整体推进”的原则，联动共建，实现党支部达标提质，互助共赢，完成供电所“一所一册”规划；支部与国网衡阳供电公司发展策划部党支部联合开展“党建＋ 精准规划”活动，活动目标以落实国网湖南省电力有限公司工作要求，以“十四五配电网规划”“网格化规划”“一所一册”为主题，确保实现提质增效既定目标，保障公司和电网高质量发展；根据公司党委脱贫攻坚决策部署，支部结合主题党日活动，开展了“情暖童心·书送未来”“献爱心·助脱贫”等主题党日活动，为助力打赢打好脱贫攻坚战贡献一份力量。

（3）部分党员除集中学习研讨和完成规定要求外，平时比较强调客观原因或忙于工作事务，放松了对自己的学习要求。一定程度还存在为了理论学习而学习，用理论学习装门面，理论指导实践的效果不突出的问题。

三、下一步工作思路

（1）改变党员日常工作方式，实现“三个转变”：一是由组织集中学习向学习交流转变；二是由会议念文件向结合实际工作开展讨论转变；

三是促进党员由被动学习向主动学习转变。

（2）一以贯之地遵守、落实好中央八项规定，认真学习好《中国共产党廉洁自律准则》和《中国共产党纪律处分条例》，自觉用党章、党规、党纪规范自己的言行，带头执行党内政治生活各项规章制度，高标准做到“知敬畏、存戒惧、守底线”。

（3）不忘为民服务初心，班子成员经常深入基层班组，听取职工群众意见建议，切实解决关系职工群众切实利益的问题。结合主题党日深入基层一线，开展直接为民服务。

在“转观念、抓作风、强落实”主题活动中优化施工力量

“转观念、抓作风、强落实”主题活动启动以来，湖南雁能集团电建分公司按照国网湖南省电力有限公司、国网衡阳供电公司活动的安排部署，认真组织开展学习、讨论，结合单位及个人工作实际，对照问题清单及上级工作要求找准差距，提高认识，落实着力点，确保“转观念、抓作风、强落实”主题活动取得实效。

一、持续观念转变，强化责任担当

2020 年公司业务量是 2019 年的两倍以上，加上疫情的影响，下半年的工作任务十分繁重，现场项目安全、质量、进度管控压力巨大。公司只有牢固树立“一个观念、三种意识”，切实提高政治站位，坚决贯彻上级公司党委决策部署，以“马上就办”“办必办好”的劲头，凝聚共识，砥砺奋进，抓好各项工作的落实。

提高政治站位。增强大局观念、正确认识大局、自觉服从大局、坚决维护大局，做到一切服从大局，一切服务大局，敢于担当，协同配合，抓住关键，紧盯任务目标，坚持问题导向，不断完善工作机制，抓实抓好各项工作任务的完成。

强化责任担当。树立强烈的担当意识，把责任扛在肩上，按照“严细实”的工作作风，持之以恒、一抓到底，不做“甩手掌柜”和“二传手”，着力培养“七分准备，三分作业”“不欠账，不作假”“创造性落实

工作”“工作高效闭环”等“四个习惯”；落实协同、协调、服务“三大作风建设”，牢固树立政治意识、大局意识、规矩意识“三个思想观念”，围绕“强基础、优机制、抓重点、提质效”四大管理理念，敢于面对困难，解决困难，不遗留问题，高效全面地完成全年各项工作任务。

二、抓实重点工作，确保安全生产持续稳定

高度重视安全工作的极端重要性。深刻认识安全工作是一切工作的前提，认真落实上级安全管理有关要求，深入开展“反违章、控风险、守底线”活动，每个员工深度参与安全各项活动，牢固“安全第一、预防为主”思想，把五大安全理念落实到公司运营管理的方方面面。认真开展好安全巡查专项治理活动，规范工作流程，建立良好的工作秩序。强化项目安全质量管理，树立正确导向，提前策划、准备、安排，不打无准备之仗。明确、强化各级安全管理职责，重点抓好工地现场和班组的安全生产；在预防上下工夫，加强现场人员的安全培训、考核奖励。切实提升项目现场人员安全管理责任意识、安全管理水平，形成良好的现场安全工作氛围。

强化管理提升及人员履责。一是完善安全制度清单、流程。建立并下发安全制度清单、流程小册子，现场工作人员全面掌握相关流程、制度，做到一册在手，安全在心。二是认真开展安全活动。通过每天收工后的班后会，及时分析、总结当天工作，交代第二天工作任务、工作流程、风险点、安全措施。三是严肃事故处理。安全管理只能靠严抓、严管，对发现的问题严格按照“四不放过”原则及时处理，杜绝隐患再次发生。四是强化线路专业管理。加强一杆塔一方案的编、审、批，充分进行现场交底，严格考核方案现场“两张皮”现象，将分包人员纳入“四统一”管理，分包队伍人员与自有人员租住同一院落，确保分包队伍与项目部实行同进同出，对施工分包作业全过程有效管控。

强化安全培训。一是开展教学、观看视频、漫画、图片等多种形式的安全培训。组织开展“预防抱杆伤人”“索道运输”“杆塔拆旧”“深基

坑作业”等专项培训，强化现场培训，提升作业人员的安全意识和技能。二是重点培训分包队伍人员，强化培训的易学、易懂性，确保培训取得实效。

强化人员管控。严格落实国网湖南省电力有限公司“四管住、一强化”的工作要求，紧盯现场工作负责人、安全监护人、到岗到位人员、现场把关人员、特种作业人员等关键人员。强化施工作业层班组骨干的培育管控。实行分包队伍进行综合分级及淘汰机制，遴选责任心强、业务水平高、安全质量管理能力强的分包队伍作为核心分包队伍，推动核心分包队伍逐步发展成为高素质的劳务作业专业公司。

三、改革持续发力，改善优化经营业绩

推进公司管理水平由粗放型向精益型转变，紧紧围绕年度发展目标，深入开展管理提升工作，着力解决机制、制度、流程、方法、团队建设等方面与公司发展定位不适应的突出问题。

一是制订完善的薪酬分配与奖励考核制度，实行项目经理竞聘上岗，加强对项目经理绩效考核和现场管理责任的落实，改善项目经理对分包队伍的评价机制，提升效率和效益，增强市场意识、服务意识和管理意识，优胜劣汰，着力培养一批优秀的项目经理管理团队。二是打造树立雁能电建品牌，强化施工作业层班组骨干的培育，实行分包队伍综合分级及淘汰机制，遴选责任心强、业务水平高、安全质量管理能力强的分包队伍作为核心分包队伍，推动核心分包队伍逐步发展成为高素质的劳务作业专业公司。

“转观念、抓作风、强落实”主题活动开展以来，我们制定了一些措施，取得的一定的效果。但是，我们也清醒的认识到，工作中还存在一些问题和不足，我们将持续转变观念，改进工作作风，扎实抓好各项工作的落实，为建设坚强衡阳电网贡献力量。

真抓重点任务　实干攻坚克难 稳步实现全年安全目标

2020年3月，国网衡阳供电公司和湖南雁能建设集团有限公司党委在全体员工中开展的“转观念、抓作风、强落实”主题活动，教育、引导广大干部职工强化政治意识，把思想和行动统一到党中央决策部署上来，以更坚定的信心、更有力的举措、更优良的作风，坚决抓好上级工作要求的贯彻落实，为推动电网高质量发展持续发力、加倍努力、再建新功，推动公司发展再上新台阶。

“真抓才能攻坚克难，实干才能梦想成真。”坚持真抓实干，才能够攻克前进道路上的一切困难，推进中国特色社会主义伟大事业，实现中华民族伟大复兴的梦想。求真务实是辩证唯物主义和历史唯物主义一以贯之的科学精神，是我们党的思想路线的核心内容，也是党的优良传统和共产党人应该具备的政治品格。

“转观念、抓作风、强落实”主题活动暨作风建设会议上指出，基层一线要在落实执行、重点工作、真抓实干三个方面有响应。

在真抓实干上，要“真抓”“实抓”“抓到底”，以严和细的标准，以一步接着一步走、一件接着一件干的务实精神，对待每一项任务，克服大而化之、随意松懈的不良习惯，杜绝“马马虎虎”“八九不离十”的工作态度，坚决抵制各类欺上瞒下的“样子工程”“形象工程”。

深入开展“转观念、抓作风、强落实”主题活动，领导干部必须以上率下、当好表率。直面问题，不藏着不掖着，要带头攻坚克难、敢于担当，切实抓好整改落实。通过层层示范、层层带动，上级带下级、班长带班员，形成上行下效、整体联动的良好局面。公司领导班子之间、领导与党员之间、领导与群众代表之间分别针对“转观念、抓作风、强落实”主题活动的具体落实情况进行了充分的调研和谈心谈话，在廉政建设和廉政作风建设上积极发挥了党员先进性，带领广大员工转变懒散懈怠的工作观念，大力营造积极向上的工作氛围和求学进步的思想，并将一切为了安全、一切为了生产的理念深入人心，大力推行项目经理责任制，缩短工作流程，提高工作作风和效率，强化各项制度的落实和执行，确保各项生产、安全、管理、经营工作落到实处。

以廉洁自律的品格抓落实。对党员干部而言，敢于担当、崇尚实干、狠抓落实是干事的基本要求，干净干事、忠于职守、廉洁奉公是最起码的底线。一个干部不管有多少丰功伟绩，如果在廉政上出问题，所有的成绩和名誉都会毁于一旦。只有肩膀硬、腰杆直、作风正，才能以身示范、身正影正。

为政之要，首在担当、贵在执行、重在落实。三者互相关联、密不可分。只有敢于担当的精神，有了强大的执行力，才能抓好工作落实。

在“转观念、抓作风、强落实”主题活动开展中，本人围绕强化“为民服务”、“履职担当”“遵规守纪”等主题深查存在的突出问题，并提出整改措施，通过积极学习理论知识和实践学习，使自己对干部作风好坏的重要性有了深入熟悉，并深入体会到应当切实加强本身学习，养成良好的学习、工作、生活作风，带头建立良好的干部形象。

抓实重点专业，提升企业竞争力。高压试验、二次调试专业性相对较强、技术要求高，人才相对匮乏，市场专业人员需求量大。公司拟整合各专业人员，增加二次及调试试验人员数量，加强业务培训，引进相关人才，购买设备，壮大调试力量；实施电气调试、高压试验班组化施工模式，满足国网湖南省电力有限公司作业层班组配置要求。

转机制，抓管理，强化项目部管理。进一步扁平化组织构架，弱化机关管理，让分公司机关与一线项目部平衡协同，做到“小机关、大基层”。精兵简政，缩短管理链条，试行职能部门现场办公模式，提高工作效率，强化内部管理，根据业务量设置本部人员岗位，根据岗位定员，做到机构和人员设置在成本和利润之间平衡。加强绩效考核，制订完善有吸引力的奖励考核制度，提升各级岗位员工机核心竞争力，提升效率和效益。

截至 2020 年 7 月 10 日，雁能电建分公司安全运行记录 4006 天，2020 年度安全记录 180 天。共有 12 个作业现场申报了无违章奖励，春检期间华耀城变、贯塘变受到湖南省春检组一致好评，雁能电建分公司建立的安全隐患排查制度获国网湖南省电力有限公司集管办表扬，现场各类安全隐患整改率达 100%，为实现全年度安全目标打下良好基础。

守好安全责任田　驶入发展快车道

根据国网湖南省电力有限公司、国网衡阳供电公司安排，我认真学习了国网湖南省电力有限公司领导在“5·11”事故警示教育暨“反违章、控风险、守底线”主题安全活动启动大会上的讲话以及湖南省送变电工程公司“5·11”“7·2”人身伤亡事故等近期系统内安全的事件通报，感触很深，事故教训极其惨重、代价十分巨大、影响十分恶劣，令人十分痛心，给单位带来了不良影响，尤其是给死者家属家庭造成了极大的悲痛，两起事故的发生再次给我们敲响了安全警钟。

安全生产是一切工作的基础和前提，安全就是效益，安全就是“1”，其他工作是“0”，一切工作都要围绕安全这个“1”开展。“5·11”“7·2”事故的发生归根到底是思想认识不够，安全意识和规矩意识不强，是一系列违章造成的，违章不一定出事，出事必定违章。海恩法则指出：每一起严重事故的背后，必然有 29 起轻微事故和 300 起未遂先兆以及 1000 起事故隐患。作为雁能集团主力施工单位，平均每天有 10 个作业现场，点多面广，安全管控压力巨大，为深刻吸取“5·11”“7·2”人身伤亡事故教训，扎实开展“反违章、控风险、守底线”主题安全活动，全过程、全方位排查公司安全管理中存在的隐患和风险，不断提升广大员工“红线意识”“底线思维”，确保现场人身安全，下阶段我将着重抓好以下几项工作。

一、加强对员工安全教育和培训，筑牢本质安全的基础

牢固树立“培训不到位是重大安全隐患”的意识，加强对员工安全知识教育和技能培训，按照“干什么、学什么，缺什么、补什么”的原则，因岗施教，不断提升员工安全意识和技能水平，进一步提升员工安全生产“红线”意识、“底线”意识，真正实现从“要我安全”到“我要安全”再到“我会安全”的转变，彻底杜绝习惯性违章。

二、严格落实安全责任制，做实本质安全的保证

齐抓共管，牢固树立“安全生产没有局外人”的理念。一是公司领导履职到位。公司领导要落实“党政同责、一岗双责、齐抓共管、失职追责”和“管业务必须管安全”“管项目必须管安全”要求，坚持严抓严管，从严履职，认真落实上级公司关于领导干部“下现场”工作要求。二是各级管理人员履职到位。严格落实现场安全管理要求和各项规章制度，认真组织施工现场作业，严把安全和质量关；安全监督人员要对各级人员履职情况监督到位。三是“三种人”履职到位。“三种人”要按照“谁实施，谁负责”的原则精细落实现场安全措施。

三、严格管控生产秩序，从严管控作业现场

始终牢记“安全生产的重点在现场和班组”，严格落实“四管住、一强化”，严控各类风险，确保作业现场安全。落实“五类制度”管制安全生产，坚持以“三会”管理生产活动，以“三种人”管理生产现场，以“四种承载力”管控生产活动数量。超前管控现场风险，合理安排工作计划，严禁超承载力安排工作，做到作业现场安全有序，工程质量创优达标，工程进度有效控制。

四、加大违章处罚问责力度，严控作业现场习惯性违章

牢固树立“违章就是事故”的理念，严格执行《安全生产反违章工

作管理办法》，以“零容忍”态度狠抓作业现场反违章，“动员千遍不如问责一次”。我们要牢记“严是爱、宽是害”，对员工严格要求，才是真正的爱护。凡是涉及安全的问题都要坚持“小题大做”，在安全考核上要敢于唱黑脸，做到宁听骂声、不听哭声，决不搞下不为例，决不能姑息迁就，对于履职不到位、严重失职的人员，采取下岗、调离等组织措施。

五、加强分包队伍管理，严控作业现场安全

一是严把“资质审核”关。严格选用上级公司安全报备的施工单位，审核未通过的人员和单位一律不予承接各项业务。杜绝施工安全意识低下、施工技能欠缺的“游击队”进入施工现场。二是严把“安全培训关”。加大外包施工人员安全教育培训力度，及时进行安全工作规程、“双票”、“十不干”等安全知识培训和考试。不断提升“三种人”安全素质，做到资质考核严格、持证挂牌上岗，严防不合格工作负责人从事现场安全管理。三是严把“安全施工”关。落实分包队伍与班组同质化管理的要求，分包队伍作为公司的一个班组进行统一管理，要求分包队伍严格按照安全工作规程和“十不干”规定作业，合理安排现场施工作业计划，确保施工作业现场措施落实到位、规章制度执行到位。四是严把“工器具合格”关。加强对分包队伍安全工器具、施工机具配备检查把关，不合格、不齐全坚决不予开工。五是严把“考核计分关”。对分包队伍的施工业绩要定期进行检查考评，对分包队伍的违章要及时分析通报，对违章记分多、发生严重违章及以上的队伍和工作负责人要坚决打入“黑名单”。

卑以自牧树新风　朝乾夕惕谋发展

2020年年初，国网湖南省电力有限公司、国网衡阳供电公司党委决定在公司范围内开展“转观念、抓作风、强落实”主题活动。作为基层单位的支部书记，在“转观念、抓作风、强落实”主题活动中，要以身作则、带头示范。同时，还要引导党员干部和员工，通过“大学习”“大讨论”“大教育”，提升政治站位，严守政治规矩，坚守“人民电业为人民”的初心，不断强化责任担当奉献意识。弘扬“严细实”作风，坚持工作上细致、服务上贴心、执行上不打折扣，突出“重实际、抓实干、求实效”。要坚持党建引领，将党建工作与中心工作同部署、同落实，强化支部的战斗堡垒和党员的带头表率作用。以观念大转变带来作风大改进，从而凝聚起强大干事创业合力。党员干部，要做“转观念、抓作风、强落实”的先锋，要做“攻坚克难”的排头兵，为加快推进公司高质量发展做出新的贡献。

目前，湖南雁能集团配电分公司重中之重的工作，一是反违章、控风险、守住安全底线，不能发生人身伤亡事故；二是防范业扩领域发生违规、违纪事件；三是在“向配网开战”活动中，加强工程安全质量管理，提高施工工艺，实现“零缺陷”投产，为建设“坚强配网”提供有力支撑，不发生因工程进度滞后及延迟送电时间引起用户投诉。而公司内部还或多或少存在观念陈旧、不担当不作为、服务意识不强、工作作风不实、不敢坚持原则、怕得罪人的现象，这些问题必须切实加以解决。

一要牢固树立服务意识和合规意识，坚决践行好“人民电业为人民”的企业宗旨，强化监督制约和制度执行，加强对关键环节、重点岗位人员的日常监督，增强全体员工的“红线意识”“底线意识”，让公司每位员工都清楚“什么事能做”“什么事不能做”，自觉用规章制度规范自己一言一行。

二要以作风建设为抓手，提升队伍战斗力。转变工作作风，就是要以身作则，严格要求。走进生产一线、走进班组，广泛调查研究，开展谈心谈话，听取意见建议，及时发现和解决问题，主动服务基层。将党建工作带入工地，融入工程项目，激发党员同志在“向配网开战”活动中创先进、当表率。

在安全生产方面，作为基层单位的支部书记，要按照“党政同责、一岗双责”的原则，发挥党群组织对安全生产的保证、监督作用。突出安全生产在思想政治、组织宣传工作中的基础地位，紧密围绕安全目标开展相关工作，增强全员安全生产意识。组织开展安全生产形势任务教育，加强对职工的安全思想、敬业精神、遵章守纪等教育，营造良好的安全工作环境和安全文化氛围。在党建工作绩效考评、评先评优中，把安全生产工作业绩作为重要的考核内容。要压实党员和干部责任，做到有布置、有落实、有督促、有检查，有效传导压力，激发工作动力。

纪检工作不能有丝毫松懈，要做到防微杜渐。要加强廉政教育，深化“廉洁”文化建设，一体推进不敢腐、不能腐、不想腐。定期召开纪检监督员会议，完善四级纪检网络运作，增加廉洁防腐防线。加强业扩领域风险防范，针对业扩关键岗位人员开展约谈教育，提高规矩意识。设立问题线索举报箱，畅通反映问题线索渠道。

三要按照“严细实”的要求抓好重点工作的落实，要充分发挥党员干部的表率作用、党组织的战斗堡垒作用和党员的先锋模范作用。要突出“一贯到底”，要突出“马上就办”，要突出“督察督办”，要突出“办必办好”。各级领导干部必须以身作则、担当作为，发挥好示范带头作用，做到打铁还需自身硬。面对问题和矛盾，要俯下身子亲力亲为、撸起袖子真抓实干。

我将始终以新的精神状态，务实的工作作风，以干干净净、踏踏实实的优良作风，为公司的安全稳定发展做出自己的贡献！

行而不辍　未来可期

古人云："业精于勤荒于嬉，行成于思毁于随。"意为学业的精深在于勤奋，而荒废在于贪玩，这句名言的例证在我们的学习、生活、工作中普遍存在，它告诫人们，一个人设定了奋斗目只有标锲而不舍地坚持，目标才终可达到。

本人自2020年4月从雁能集团综合办调至衡阳市湘能农电服务有限公司工作以来，在衡阳市公司领导的关心和指导下，在全体同事的帮助下，各项工作取得了一些进步，但结合公司"转观念、抓作风、强落实"主题活动的工作要求还存一定的差距。"转观念、抓作风、强落实"主题活动的精髓所在是要求公司全体干部、员工以全新的思维理念、全新的精神面貌、全新的工作节奏、全新的目标导向，狠抓公司安排部署的各项工作任务的落实，确保与公司同频共振、同心同力、同向同为，为国网衡阳供电公司全面建成一流能源互联网供电企业作出新的更大的贡献。

作为衡阳市湘能农电服务有限公司负责人，面对新形势、新任务、新要求，如果不加强学习，不转变观念，就会面临工作被动、落后的局面。2020年，在落实公司安排部署的五项重点工作目标中，本人认为，只有"行而不辍，才能未来可期"，现就相关工作体会汇报如下。

一、小智者治事，大智者治人

在配网"两降一控"专项行动中，本人认为"人"的因素尤为重要，而后为部门之间的协同配合。我深刻明白配网“两降一控”的工作原则是“效率优先”，是以“提升配电网运行水平”为工作抓手和目标体系的全面战、攻坚战，要提高政治站位和工作站位，以转变观念为前提，牢固树立“以客户为中心”理念，以“向配网开战”行动作为工作的着力点和突破口，真正把重心聚焦到配网运行水平上来。为做好“人”字文章，合理调整人力资源配置标准，补充配网运维力量是关键。为此，公司作出了精心打造“一专多能”员工队伍的工作部署，及时组织开展了配电运检专业“人人过关”培训工作，完成了对1760名配电运检（配电637人，台区经理1123人）实操轮训和能力考核；其后又组织开展了对68名供电所主任集中培训，进一步提升了管理者抓管理、带队伍的素质和能力，为配网“两降一控”专项行动取得优异成果提供了动力之源。

二、戮力同心，携手同行

随着公司“转观念、抓作风、强落实”主题活动的深入开展，公司各项工作都归集到了一个“同心圆”中，公司的干部员工朝着公司既定五项重点工作同向同为，工作效率得到了极大地提高。

2019年年底，国网衡阳供电公司把扶贫攻坚工作的组织开展重担落在衡阳市湘能农电服务有限公司身上，这是一个必须坚决完成的政治任务、发展任务、民生任务。本人虽然没有直接参与扶贫相关工作，但作为公司负责人，必须坚决贯彻国网衡阳供电公司脱贫攻坚决策部署，团结和组织扶贫工作者在扶贫的道路上戮力同心，携手同行，全力服务扶贫工作大局。面对此项工作，本人也深刻感受到，身为党员干部更要充分认识当前脱贫攻坚任务的紧迫性，在带头做好本职工作的同时，要多为脱贫攻坚献计献策、出力出汗，同时还要把握好“四个意识”，把脱贫攻坚当成最大的政治考验来抓。按照工作要求，公司共安排12名供电服务职工担任驻村第一书记和驻村工作队队员，扎根在扶贫一线。他们结合帮扶点争取扶贫资金，发展特色产业，解决实际困难，有力地促进了各项扶贫政策落地。同时，通过爱心捐赠等形式大力支持驻村工作，为全面打赢脱贫攻坚战做出应有贡献。

三、补齐短板、增强弱项

2020年3月起，公司按照上级关于开展资金安全检查的要求，组织各县（市）农电分公司全面开展了资金安全自查自纠工作，并带队对问题较多、问题较大的分公司进行抽查和整改回头看，建立销号制度，落实整改责任，推动问题和风险早发现、早防范、早化解，补齐工作短板。同时，对各分公司自成立以来的税务风险进行自查并补交所欠税款，防止在2020年的税务大普查中出现税务风险问题。在管理手段上，更加注重加强制度建设、完善体制机制，进一步规范管理流程，完善相关制度，建立长效机制，增强工作弱项。通过资金安全检查工作的开展，本人进一步认识到了资金安全管理的重要性，增强了“资金安全无小事”的责任意识，提高了敢于发现工作薄弱环节、强化制度管理的勇气，为各项工作的进一步提质增效夯实基础。

四、抓大事，抓难事，抓急事

供电所是公司从事生产经营活动或管理工作最基层的组织单元，是激发职工活力的细胞，是提升公司管理水平、构建和谐的落脚点。工作中，如果基层组织单元额外负担过重，则会对公司的持续发展和队伍稳定带来严重的不利影响。

每一项工作的开展都有轻急缓重之分，抓大事，就是始终把上级重要会议、重要文件、重要决定精神的贯彻落实，作为督查工作的中心环节和中心任务。抓难事，就是对职能交叉或界限不清，造成久拖不决的问题，加强协调，理顺关系，明确责任，促进工作落实。抓急事，就是对于上级统一部署和关系社会热点问题的工作，必须以高度的政治敏锐性，积极主动、及时有效地督促解决。

开展供电所“减负”就是公司当前的大事、难事和急事。为准确掌握供电所“肩负”情况，深入分析产生不合理负担的原因，公司牵头组织开展了“减负”调研工作。通过调研发现供电所各类报表达179个，使用应用系统（含APP）19个。为了“减负”需要，公司必须对现有的流程进行梳理、分析并进行优化和评估，以实现管理减负的需要。当公司流程管理“去繁就简”后，则必须利用管理方法和文件对现有的新流程进行规定，以加强流程执行和效果，预防“老模式”“老方法”死灰复燃，从而达到固化流程减轻负担的初衷。同时，各单位在布置工作任务时要科学安排，统筹调配，留有余地。切实做到应该管理人员做的工作不要推给供电所，应该一次完成的工作不要重复做，延伸到供电所的信息系统，要尽量缩短双轨制运行时间。要尽量精简不必要的台账、资金料和报表，尽量减少不必要的重复检查考核、评比对标。真正做到务实的工作，关注过程更重视结果；务虚的工作，坚持结果导向，以虚促实。只有这样才能真正让供电所由“肩负”变为“轻负”。

在公司党委的正确领导下，公司全体员工将继续围绕“五项”重点工作，坚定信心、锐意进取、同心协力，力争以优异成绩为全年工作递交一份满意的答卷。

树立作风风向标　丈量发展新标准

“转观念、抓作风、强落实”主题活动是强化党建引领、统筹推进公司全年工作的重要载体。国网衡阳供电公司在开展这项活动过程中，推进有力，开展深入，在开展中和中心工作与重点工作结合紧密，不搞形式，不打折扣，不走样，确保了主题活动取得了很大的效果。我们作为公司员工，积极响应公司号召，执行各项规章制度，在配合活动开展中做好了自己分内的工作。现在谈谈自己在活动中的体会。

首先，活动中我觉得最重要的是学习，通过这次活动，我们重点学习了党内规矩和法规，学习了各种会议上的讲话和会议精神，学习了各个活动各个步骤的要求，学习了活动中每期的通报，学习了《关于加强公司作风建设的三十六条硬性措施》，学习了《衡阳供电公司党员领导干部约法六则》等一系列文件资料。通过学习，进一步强化认识，领会活动的重要意义。通过学习建立行动指南，也建立了跟着公司党委走的信念，也强大了搞好学习和搞好工作的信心。

其次，活动中通过对比、梳理工作，我们跳出自己的眼界，用新的尺度衡量自己过去的工作与习惯，深刻反思，对个人提升履职行为有了很大的促进。通过“为民服务”“履职担当”“依法合规”等一系列自查整改活动的开展，我们一边对比，一边梳理，一边整改，工作效率得到了很大提高，员工队伍内部也更加和谐，良好的干事敬业的团队也建立起来，整个党员队伍建设都有很大提升。通过“大学习”“大讨论”我们牢固树立了“以客户为中心”的理念，下大力气解决了“以管理为中心”“以我为中心”的突出问题，真正做到以客户的视角、体验和感受来开展一切工作。从我做起，积极锤炼真抓实干的硬核作风，聚焦上级部署和工作突出问题，勇于担当，善于作为，着力强化执行力，提高了队伍的战斗力。

最重要的是，“转观念、抓作风、强落实”主题活动与当前配网“两降一控”、脱贫攻坚、资金安全大检查、提质增效专项行动等中心工作紧密结合起来，对工作提升起到了很大作用。本人现在正牵头公司扶贫工作。扶贫工作千头万绪，之前工作开展中，因为怕影响中心工作、人员少等原因，内心一直存在不求先进、只求过关的心态，在工作中方法单一、介入程度不深、工作标准要求不够高等问题不同程度存在，工作中主动出击、加强联络等方面都或有不足。活动开展后，我仔细梳理了自己的工作轨迹，对照了上级的要求，及时转变了观念，工作作风上有了一定的转变，从而工作落实效果上也逐步体现出来。观念上，我改变了“求稳保稳”的心态，明白没有稳定，只有前进，用最高的标准要求，才有最好的效果；作风上，我更大胆，主动多跟公司领导汇报，该推动的工作求得最大支持，预见一切潜在的风险，全面出击，确保扶贫攻坚工作在公司领导班子的坚强指挥下，全员重视，全面开花。过去，我认为扶贫办只是一个临时机构，自己把工作做好，少给领导添麻烦，给主营业务让路。现在，我努力做到扶贫和业务不冲突，充分体现抓好扶贫就是抓好政治的的作用，确保公司稳定，不受各方问责。

“转观念、抓作风、强落实”主题活动还在开展，我将继续好好利用这次活动机会，强化学习和转变，努力做一个合格的电力员工。

后记

早在2020年年初，国网湖南省电力有限公司就将“转观念、抓作风、强落实”主题活动、扶贫攻坚、配网“两降一控”、提质增效专项行动、资金安全大检查确定为全年全公司系统的五大重点工作，“转观念、抓作风、强落实”主题活动作为五大重点工作的重要抓手，给国网衡阳供电公司全体职工来了一场思想大洗礼、作风大改进。

2020年以来，公司上下严格落实孟庆强董事长关于主题活动“四个一定”“一个确保”的批示精神，将“转观念、抓作风、强落实”主题活动和重点工作有机结合，深入开展“大学习”“大讨论”“大教育”和主题党日活动，从思想认识、主观努力、工作机制上，聚焦问题短板溯源头、抓整改、促提升。各级领导干部带头转变作风、以身作则、以上率下，形成争当“头雁”的良好氛围。各部门、各单位以“马上就办”“办必办好”的工作态度切实贯彻落实上级安排部署的工作任务，立足岗位、尽忠履职，聚焦主业、主责，以深厚的为民情怀，优质高效地开展安全生产、营销服务、电网建设等各项工作。截至2020年10月底，公司“两降一控”指标分别同比下降52%、27%、29%；提质增效综合排名全省第5；“95598”工单回访满意率99.42%，频停投诉同比下降83.42%；深化“教育+就业”扶贫，组织摸排建档立卡贫困家庭高考考生共982人，招录定向委培高考生17人。

2020年已经过去，公司将保持不变的决心和信心，以“转观念、抓作风、强落实”主题活动为重要载体，讲好衡阳故事、凝聚奋进力量、谱写时代华章。